The Leesoo School | *Bazi Advanced Course™

胞胎珍技

최이린 지음

장서원 도서출판

머리말

명리命理는 오행생극五行生剋의 이법理法과 生旺死絶생왕사절의 기론氣論으로 이루어져 있는데, 포태론胞胎論은 기학氣學의 첫 관문인 동시에 독립된 한 갈래로 중요한 의미를 갖습니다. 주저 없이 딱 잘라 말하면 포태법胞胎法을 모르고 사주추명四柱推命을 논할 수 없으므로 필히 철저히 익히고 제대로 활용할 줄 알아야 합니다.

명리命理를 배우는 사람들은 예외 없이 포태胞胎를 익혔다 하지만, 이를 정확하게 알고 즐겨 활용하는 인사는 매우 드뭅니다. 종래의 명서命書에 십이운성十二運星을 팔자간명八字看命에 적용하는 분명하고도 구체적인 방법을 설명한 바가 없기 때문입니다.

이 책에서는 포태법胞胎法의 정론正論에 초점을 맞추고 실전 고급 테크닉을 익힐 수 있도록 충분히 배려했으므로 학습에 적지 않은 도움을 드릴 것으로 믿습니다.

독자들의 행운이 가득하길 빌며...

下元甲 戊子 春節, 盆唐 亭子에서
崔理隣

차례

포태요결胞胎要訣

음양오행陰陽五行의 생왕사절生旺死絶을 열 두 단계로 구분한 것이 십이운성十二運星이고, 십이운十二運을 사람의 일생에 비유한 것이 포태법胞胎法이라 할 수 있습니다. 십이운十二運은 '포胞, 태胎, 양養, 생生, 욕浴, 대帶, 록祿, 왕旺, 쇠衰, 병病, 사死, 묘墓'로 구분합니다.

십이운성표[1]

運星	甲	乙	丙	丁	戊	己	庚	辛	壬	癸
胞	申	酉	亥	子	亥	子	寅	卯	巳	午
胎	酉	申	子	亥	子	亥	卯	寅	午	巳
養	戌	未	丑	戌	丑	戌	辰	丑	未	辰
生	亥	午	寅	酉	寅	酉	巳	子	申	卯

浴	子	巳	卯	申	卯	申	午	亥	酉	寅
帶	丑	辰	辰	未	辰	未	未	戌	戌	丑
祿	寅	卯	巳	午	巳	午	申	酉	亥	子
旺	卯	寅	午	巳	午	巳	酉	申	子	亥
衰	辰	丑	未	辰	未	辰	戌	未	丑	戌
病	巳	子	申	卯	申	卯	亥	午	寅	酉
死	午	亥	酉	寅	酉	寅	子	巳	卯	申
墓	未	戌	戌	丑	戌	丑	丑	辰	辰	未

운성運星은 각 글자마다 이미 대강의 의미를 나타내고 있습니다만, 보다 구체적으로 살펴보겠습니다. 명확한 인식과 이해가 따라야만 자유자재의 포태법수胞胎法手를 펼칠 수 있으므로 이어지는 설명은 중요합니다.

1. 포胞는 따로 절絶이라고도 하는데 이것은 사물을 바라보는 시각의 차이에서 비롯된 말입니다. 포胞는 세포細胞의 '포'로 생물체를 조직하는 미세한 원형질을 뜻하고, 절絶은 단절斷絶의 '절'로 막히고 끊어진 상태를 의미하는데 이 둘은 같으면서도 미묘한 차이가 있습니다.

甲木은 申金에서 절멸絶滅합니다. 이때 申의 본기本

氣, 庚金은 乙木을 품어 木의 포배胞胚가 나타납니다. 즉 생사生死는 단절과 연속이라는 표리表裏 관계로 연결되는데 종말과 시초가 포胞에서 이루어집니다.

甲申과 乙酉가 포胞인데 申에서 壬이 나고, 酉에서 丁이 생生합니다. 이 둘은 결국 합合하여 木을 나타냅니다. 그러므로 죽어야만 살아나고, 새로운 자아自我를 발견할 수 있을 것입니다. 왕금旺金이 목기木氣를 도충倒沖해서 합래合來하는 이치가 바로 여기에 있습니다.

丙戊는 亥에서 절멸하는데 亥中甲木은 己土를, 壬水는 丁火를 품어 火土의 포배가 시작됩니다. 그러므로 亥水가 왕旺하면 巳火를 끌어오는데 巳中丙戊를 다 쓰는 이유 또한 포태胞胎로 설명할 수 있습니다.

여기에서 감각이 남다르거나 식견識見이 뛰어난 독자라면 양陽이 끊어지는 곳에서 음陰이 싹트는 기미를 보이고, 반대로 음陰이 끊어지는 곳에서 양陽이 싹트는 시초始初가 됨을 인식하게 됩니다.

子中癸水는 戊土를 합래合來하고, 암암리暗暗裡에 화기火氣를 품습니다. 즉 子에서 丙戊의 기미幾微가 엿보이는데 그렇다면 丙戊가 싹트는 이곳이 丁己의 절지絶地가 될 것입니다.

고인古人들이 허신虛神을 용신用神으로 삼아 외격外格을 취하는 것에 의구심을 나타내는 학자들이 예나 지금이나 많았습니다. 그중 가장 납득이 가지 않는 것이 자요사子遙巳로 근세 명리命理의 대가大家들조차 子巳特合을 크게 비판했는데 필자 역시 이점은 납득하기 어려웠습니다. 근래에 팔자허자론八字虛字論의 세계에 눈을 뜨고 가르침을 받으며 음양陰陽 포태胞胎의 이치에 요사遙巳의 비밀이 녹아있음을 자연 알게 되었습니다.

다시 말해 丁己가 절멸하는 子가 丙戊의 시초가 되는 것입니다. 辛金이 절멸하는 卯는 본기本氣가 庚金을 합래合來하여 庚金의 기미가 보이고, 壬水는 巳에서 절멸하는데 巳는 생기生氣, 戊土가 癸水를 합合하여 오므로 癸水의 시초가 됩니다.

이상이 곧 '음극즉시양陰極卽始陽, 양극즉시음陽極卽始陰'의 절처봉생絶處逢生이 품은 뜻이라 할 수 있고, 십이운十二運의 첫 단추를 포胞에서 꿰는 이유입니다.

2. 태胎는 잉태孕胎의 '태'와 같습니다. 앞의 포胞에서 양陽의 절처絶處가 음陰의 봉생逢生이 되고, 음陰의 절처絶處가 양陽의 봉생逢生이 되는 조리條理를 설명했습니다. 즉 甲木은 乙木의 절지絶地인 酉에서 잉태되고, 乙木은 甲木의 절지絶地인 申에서 잉태될 것입니다.

	甲	乙	丙	丁	戊	己	庚	辛	壬	癸
胞	申	酉	亥	子	亥	子	寅	卯	巳	午
胎	酉	申	子	亥	子	亥	卯	寅	午	巳

포胞와 태胎를 합하여 동일 간지干支로 성립되는 열가지 일주日柱를 헤아리면 다음과 같습니다.

胞 4 : 甲申, 乙酉, 庚寅, 辛卯
胎 6 : 丙子, 丁亥, 戊子, 己亥, 壬午, 癸巳

대개의 명리가命理家들은 절처봉생絶處逢生을 살인상생煞印相生으로 이해하고 있습니다. 임철초任鐵樵는 적천수천미滴天髓闡微에서 甲申, 戊寅 일주는 살인상생으로 절처봉생이고 庚寅, 癸丑 일주도 살성인성煞星印星이 모두 왕성旺盛하여 같은 절처봉생의 이치에 속한다고 했습니다.

그런데 이것은 살煞과 印의 오행五行 생극生剋 관계를 논한 이법理法 논리에 불과한 것으로 기론氣論의 차원에서 절처봉생을 헤아리는 법수에는 근세의 자평子平 대가大家들이 대체로 미흡하였습니다.

예를 들어 삼명통회三命通會에

甲 乙 乙 乙

申 酉 酉 酉

을 포태격胞胎格으로 논하고, 대귀大貴한 팔자八字로 설명하고 있습니다. 여기에는 申과 酉에서 각기 생生하는 壬과 丁이 합合하여 木을 생生하는 이치가 있으므로 절처봉생의 천우신조天佑神助가 나타나는 것입니다.

이 사주四柱를 두고 서락오徐樂吾는 乙木이 무근無根하고, 천간天干에 인수印綬가 없으니 절대 포태격胞胎格이 아니며 다만 종살격從殺格일 뿐이라고 주장했습니다. 아마도 '삼명통회'에서 만민영萬民英이 甲申과 乙酉가 납음納音으로 천중수泉中水이기 때문에 수생목水生木의 절처봉생이 되어 포태격胞胎格으로 논한 것 같다고 설명했습니다.

그러나 포태胞胎 자체에 절처봉생의 의미가 담겨 있음을 알고 있다면 이 팔자에서 굳이 납음納音을 거론할 필요가 없습니다. 이 같은 설명은 오행 생극의 이법에만 지나치게 얽매인 발상에서 비롯되는 현상입니다.

★ 이린포태 I
팔자八字의 지지地支에 포태胞胎의 두 글자 이상을 갖추면 절처봉생의 천우신조가 나타납니다. 이를테면 丙子나 丁亥 일주가 子나 亥를 더 보게 되면 일생을 통해 막다른 판에서 요행이 살길이 생긴다고 보면 됩니다. 포태胞胎 일주의 팔자에 인수가 투透하면 더할 나위 없이 좋습니다. 한 마디로 이기理氣 공히 일원日元을 돕는 것으로 이러한 구조를 따로 일컬어 포태격胞胎格이라 하는데 고가古歌에 이르길, 은총恩寵이 함께 하는 명命이라 했을 정도입니다. 단 이때 인수를 파괴하는 재財는 없어야 합니다. 예컨대 庚寅 일주가 戊己를 보거나, 癸巳 일주가 금신金神을 본다면 비록 일간日干의 뿌리가 없어도 큰 부자로 살아가게 됩니다.

3. 양養은 배양培養의 '양'으로 모태母胎에서 보호를 받으며 자라나는 단계입니다. 그러므로 한 주柱에서 양養을 짓는 일주日柱인 甲戌, 乙未, 庚辰, 辛丑의 성정性情은 모두 온순하고, 낙천적인 기질을 지니는 편입니다. 그러나 모질고 거센 세상의 어려움은 알지 못하므로 난관에 부딪히면 좌절하는 경향이 있습니다.

운성運星에서 '양養, 대帶, 쇠衰, 묘墓'의 네 과정은 모두 辰戌丑未 사고四庫의 글자로 배정됩니다.

	甲	乙	丙	丁	戊	己	庚	辛	壬	癸
養	戌	未	丑	戌	丑	戌	辰	丑	未	辰
帶	丑	辰	辰	未	辰	未	未	戌	戌	丑
衰	辰	丑	未	辰	未	辰	戌	未	丑	戌
墓	未	戌	戌	丑	戌	丑	丑	辰	辰	未

양간陽干은 식상食傷의 입묘入墓, 음간陰干은 자고自庫의 자리가 양지養地가 됩니다. 까닭에 지지地支가 형충刑沖되면 육친과의 분리分離, 별거別居를 암시하는 고독孤獨한 의미를 품게 됩니다.

★ 이린포태Ⅱ

사주숙어四柱熟語에 '식상입묘食傷入墓, 필외종명必畏終命'이란 말이 있습니다. 운運에서 식상이 입묘할 경우 수명을 다 할 가능성이 높다는 뜻인데 대개 육친六親과 분리分離하는 물상物象으로 대체代替됩니다. 그래서 양養의 일주日柱는 다른 사람의 손에서 자라는 수가 많고 과거에는 양자養子로 가는 경우가 많았습니다.

한편 언행이 더디거나, 말수가 적기도 한데 이때는 오히려 형충刑沖이 막힌 것을 치우고 통하게 하는 작용을 하기도 합니다. 그래서 여명女命의 경우 형충운刑沖運에 좋은 자식을 얻게 됩니다. 다만 본래의 의미는 자난양육子難養育이니 내 손으로 자식을 키우기가 수월치 않습니다.

4. 생生은 탄생誕生의 '생'을 뜻합니다. 사생四生의 글자 寅申巳亥의 장간藏干에는 모두 생生의 수기受氣를 얻는 양간陽干이 존재합니다.

寅에서 甲木이 丙火를 생生하고, 丙火가 戊土를 생生합니다.

申에서 庚金이 壬水를 생生합니다.

巳에서 戊土가 庚金을 생生합니다.

亥에서 壬水가 甲木을 생生합니다.

	甲		丙		戊		庚		壬	
生	亥		寅		寅		巳		申	

그리고 양陽은 음陰을 생生하며 사死하게 됩니다.

	甲		丙		戊		庚		壬	
死	午		酉		酉		子		卯	

다음으로 양생陽生하는 곳에서 음陰은 사死하고, 음생陰生하는 곳에서 양陽은 사死합니다. 이것이 곧 '음생양사陰生陽死, 양생음사陽生陰死'의 보편적 불변의 관계로 자연 현상에 비유하면 새벽에 낮(밝음)은 살아나나 밤(어두움)은 죽으며, 석양에 밤은 살아나나 낮은 죽는 상태와 같습니다. 그래서 묘시卯時와 유시酉時는 일월日月의 문門이 됩니다.

		乙		丁		己		辛		癸
生		午		酉		酉		子		卯
死		亥		寅		寅		巳		申

'음생양사, 양생음사'의 법칙은 삶이 제로섬 게임으로 종결되는 상황을 그대로 반영하고 있습니다. 약한 자는 강한 자에게 먹히지만, 시간이 흐르면 강자는 결국 약자에게 죽습니다. 슬픔이 살아나면 기쁨이 죽고 즐거움이 살아나면 우울함이 죽으며, 인자함이 살아나면 노여움이 죽고 화가 치밀면 너그러움이 사라지는 법입니다. 가정에서도 부인이 나서면 남편이 수그러들고, 남자가 나서면 부인이 움츠러듭니다. "암탉이 울면 집안이 망한다"는 영국 속담이 있는데 남녀를 불문하고 어느 한쪽이 설쳐대면 망조亡兆가 드는 것입니다.

	甲	乙	丙	丁	戊	己	庚	辛	壬	癸
生	亥	午	寅	酉	寅	酉	巳	子	申	卯
死	午	亥	酉	寅	酉	寅	子	巳	卯	申

명리命理에서 귀貴는 절충折衷에 있고 이상理想은 중도中道에 있습니다. 후술後述하겠지만 운성運星에서 록祿과 왕旺을 특별히 중시하는 바는 음양간陰陽干 양자에 공히 좋은 의미를 담는 간지干支 조합이 되기 때문입니다. 예컨대 寅은 甲의 록지祿地이자, 乙의 왕지旺地가 되고, 卯는 甲의 왕旺인 동시에 乙의 록祿으로

작용합니다. 여기에는 '양봉음생陽逢陰生, 음봉양생陰逢陽生'의 이치가 담겨 있는 것입니다.

음양陰陽의 운성運星 주기는 순행順行과 역행逆行으로 엇갈리게 되는데, 甲木[1]과 乙木[2]을 예로 들어 도해하면 아래와 같습니다.

운성주기표

<table>
<tr><td>酉</td><td>戌</td><td>亥</td><td>子</td><td>丑</td><td>寅</td><td>卯</td><td>辰</td><td>巳</td><td>午</td><td>未</td><td>申</td></tr>
<tr><td colspan="5">陽逢陰生</td><td>祿[1]
旺[2]</td><td>旺[1]
祿[2]</td><td colspan="5">陰逢陽生</td></tr>
<tr><td colspan="4"></td><td>帶[1]
衰[2]</td><td colspan="2"></td><td>衰[1]
帶[2]</td><td colspan="4"></td></tr>
<tr><td colspan="3"></td><td>浴[1]
病[2]</td><td colspan="4"></td><td>病[1]
浴[2]</td><td colspan="3"></td></tr>
<tr><td colspan="2"></td><td>生[1]
死[2]</td><td colspan="3">陽生陰死</td><td colspan="3">陰生陽死</td><td>死[1]
生[2]</td><td colspan="2"></td></tr>
<tr><td></td><td>養[1]
墓[2]</td><td colspan="8"></td><td>墓[1]
養[2]</td><td></td></tr>
<tr><td>胎[1]
胞[2]</td><td colspan="5">陰極卽始陽</td><td colspan="5">陽極卽始陰</td><td>胞[1]
胎[2]</td></tr>
</table>

음양陰陽이 교차하는 사이클을 살펴보면 록왕지祿旺地에 음양이 화합하고, 포태지胞胎地에 음양이 희생하면서 동등한 운기運氣의 단계에 걸쳐있음을 알 수 있

습니다. 즉 포태와 록왕에서는 음양간陰陽干에 배속되는 글자가 서로 호환互換됩니다. 이외 생사지生死地를 비롯한 여타의 단계에서는 운기運氣가 엇갈리는 바를 확인할 수 있습니다.

향후 팔자술八字術을 구사하는 실제 상황에서 십이운十二運을 신속하게 적용하기 위해서는 음양의 상호 관계를 미리 숙지해둘 필요가 있습니다. '운성주기표'에 나타나는 衰[1]帶[2]와 病[1]浴[2], 死[1]生[2], 墓[1]養[2]의 대대待對 관계를 이해하면 이후 물상법物象法에서도 적지 않은 효용이 있음을 알게 됩니다.

	甲	乙	음양 관계	
胞	申	酉	胎[1]胞[2]	음양호환
胎	酉	申		
養	戌	未	養[1]墓[2]	양양음묘
生	亥	午	生[1]死[2]	양생음사
浴	子	巳	浴[1]病[2]	양욕음병
帶	丑	辰	帶[1]衰[2]	양대음쇠
祿	寅	卯	祿[1]旺[2]	음양호환
旺	卯	寅		
衰	辰	丑	衰[1]帶[2]	음대양쇠
病	巳	子	病[1]浴[2]	음병양욕
死	午	亥	死[1]生[2]	음생양사
墓	未	戌	養[1]墓[2]	음양양묘

십간十干의 생왕묘절生旺墓絶을 육신六神에 따라 살피는 기법을 거법居法이라고 합니다. 즉 동주同柱의 상황을 살피는 것으로 이를테면 '동주사同柱死, 동주입묘同柱入墓' 같은 용법을 말합니다. 이 같은 거법居法은 특히 천간 육신六神을 기준으로 육친六親의 상황을 헤아리는 실전 기법으로 즐겨 활용됩니다. 예컨대 己土 일주日柱의 곤명坤命이 타주他柱에 甲午 동주사를 보게 되면 甲木의 육친 관官이 사지死地에 거居한 것으로 그 남편이 무력하거나, 비운悲運에 사별死別을 예고하는 요소로 논하는 대목이 되기도 합니다.

가령 子午 충沖이 야기될 때 팔자八字에 甲午 동주사가 있다면 甲木에 해당하는 육친에 변고變故가 생길 가능성이 높습니다.

★ 이린포태Ⅲ
물상법物象法에서는 특히 포태胞胎의 상象을 중시하는데 이것이 거법居法의 하이라이트라 할 수 있습니다. 보통 팔자물상八字物象은 기미幾微와 추이推移를 살피고, 형충회합刑沖會合으로 성패成敗 득실得失의 결과結果를 단안하게 되는데, 거법에서 육친의 동향과 관련해서는 '포태胞胎의 형충刑沖 물상법物象法'이 정밀하고 정확합니다.

이를테면 포胞를 충沖하는 것은 록祿인데, 이보다는 형刑에 해당하는 병病이 해당 육친에게 몹시 불리한 작용으로 나타나기 쉽다는 뜻입니다. 포태胞胎와 록왕祿旺의 충沖은 해당 육신과 육친의 발전적인 변동사로 나타날 가능성이 높습니다. 양養 또한 쇠衰의 충沖보다 묘墓의 형刑이 더 부정적인 작용 결과를 야기할 때가 많습니다. 생生의 충沖은 거의 변동사로 작용합니다. 주거와 직장 등의 잦은 변화를 암시하는데 일찍 발전한다는 조발早發의 긍정적인 의미가 짙습니다. 가장 위험한 현상은 욕浴과 사死의 충沖입니다. 이것은 죽어 염습殮襲하는 물상物象이 포착되므로 불안한 것입니다. 대帶의 충沖 또한 묘墓와 연계되므로 위중한 상태로 대개 형충파해刑沖破害 어느 것을 막론하고 봉신封神으로 물상대체物象代替되는 경우가 많습니다.

이상이 거법居法에서 인종引從으로, 다시 물상物象으로 진전되는 술기術技의 한 단면이라 하겠습니다.

5. 욕浴은 목욕沐浴의 '욕'으로 아기의 의사와 관계없이 이루어지는데 아기의 입장에서는 춥고, 떨리며 공포와 고통을 느끼게 됩니다. 또한 지속적으로 청결을 유지하기 위해 이를 반복해야 하므로 목욕을 즐길 수 있는 성인이 되기 전에는 몸과 마음의 괴로움과 아픔이 필연적으로 따르게 됩니다. 그러나 목욕을 마치면 그렇게 예쁘고 아름다울 수가 없습니다. 그래서 욕지浴地에서는 길흉이 교차하며 성패成敗가 엇갈리는 상황이 전개됩니다.

★ 이린포태Ⅳ
일간日干을 기준으로 연월일시의 사지四支 운성運星을 참작하는 방법을 봉법逢法이라 합니다. 이것은 주로 원형이정법元亨利貞法과 근묘화실根苗花實論에 의거해서 보는 식인데, 전자는 '年月을 생의 전반, 日時를 후반'으로 나누어 희기喜忌 동태를 살피는 방법을 말하고, 후자는 선대와 후대의 육친궁六親宮 상황을 보는 것으로 구별됩니다. 십이운十二運의 봉법逢法은 다른 방법에 비해 효용效用이 떨어지는 편이지만, '욕지浴地와 록지祿地'에서는 특별한 의미가 있으므로 신중히 살피는 게 좋습니다.

이때는 반드시 공협拱挾된 허자虛字의 해당사항도 살펴 취해야 합니다. 욕지가 年月支에 해당되면 성장기나 중년 이전에 성패成敗의 부침을 겪게 되며, 日時支에 속하면 중년 이후의 실패失敗를 경험하기 쉽습니다. 공협의 허자는 年日이나 月時와 같이 이격離隔된 글자 사이에서도 취하는데 만일 月과 時에 협夾된 허자가 욕지浴地에 해당하면 중년을 전후에서 부침과 굴곡屈曲을 겪게 되는 암시가 짙다고 보면 됩니다.

신살神煞은 대개 日時에 있는 것을 중重하게 여기는데 욕지浴地의 도화桃花도 예외가 아닙니다. 도화가 年月에 있으면 장내도화牆內桃花라 해서 부부夫婦가 서로 사랑하여 금슬琴瑟이 두터우나, 日時에 있으면 장외도화牆外桃花가 되니 배우자 외에 다른 사람에게 정情을 주어 인륜人倫을 그르치고, 음욕淫慾으로 패가망신敗家亡身하는 수가 있습니다. 또 사패지四敗地의 형충파刑沖破를 매우 꺼리는데 이른바 색탐色貪의 도화병桃花病으로 심신을 망치거나, 간통姦通으로 인한 형옥刑獄, 정사情死 등 놀고 즐기다 원치 않는 결과를 보게 될 우려가 깊습니다. 대개 이 같은 류類는 다정다감多情多感하고 준수俊秀한 용모를 지닌 경우가 많습니다.

흔히 도화를 두고 주색酒色이나 음란淫亂 등 수치羞恥를 모르고 행동할 우려가 있다고 보는데 이것은 子午卯酉 사패지四敗地의 작용력이 미치기 때문입니다. 목욕沐浴을 하려면 거리낌 없이 나신裸身이 되어야 하므로 방탕放蕩, 낭비浪費 등의 일상적인 궤도를 이탈하는 경향을 보이게 되는데, 각 글자의 작용력을 물상物象에 빗대어서 설명하면 효험을 보기 쉽습니다.

⑴ **子午沖 물상** : 水火의 물상은 물이 불을 다스려 발전하는 상황으로 전개될 가능성이 높은 편입니다. 子午가 충沖이 되면 손재損財, 교통사고, 질병(대개 정신분열이나 복부수술), 이별 등으로 나타나기 쉬운데 이러한 재난은 향후 극복될 것으로 판단합니다.

⑵ **卯酉沖 물상** : 이것은 卯木에 대한 酉金의 지배 여하에 따라 길흉이 좌우되는데 불리하면 손재損財, 교통사고, 질병, 이별 등의 화액禍厄이 나타납니다.

⑶ **子卯刑 물상** : 이것은 함지, 목욕, 현침懸針의 합작合作이니 무례無禮하고 수치를 모를 정도로 색탐色貪하여 관재구설官災口舌이 따를 가능성이 높습니다. 그래서 특히 甲子와 丙子 일주日柱는 찔리고 찌르는 경쟁과 쟁투의 운세를 맞이하기 쉬우므로 몇 배의 인

내와 노력이 필요합니다.

(4) **午午刑 물상** : 마음의 상처, 교통사고 등

(5) **酉酉刑 물상** : 망신수亡身數, 구설口舌 등

(6) **子酉破 물상** : 수술, 상해 등

(7) **午卯破 물상** : 상해, 수술, 색정色情, 유흥 등

도화桃花는 다른 말로 함지咸池라 하는데, 木은 子에서, 火土는 卯에서, 金은 酉에서, 水는 酉에서 함지가 해당하는 것으로 보는 견해가 정설입니다. 예컨대 壬水는 酉金에서 생生하는 丁火와 합合을 지으므로 자신의 본분을 잃고 이성理性을 좇아 실패하기 쉬우니 이를 일컬어 욕패浴敗라 하는 것입니다. 그런데 일간日干을 위주로 욕지浴地를 살피면 이 같은 사유思惟가 통일되게 적용되지 않음을 발견할 수 있습니다.

	甲	乙	丙	丁	戊	己	庚	辛	壬	癸
浴	子	巳	卯	申	卯	申	午	亥	酉	寅

예를 들어 乙巳나 庚午는 일견 타당하지만, 甲子나 辛亥는 욕지浴地에서 生하는 글자와 합合이 성립되지 않는다는 사실에 봉착하게 됩니다. 그래서 일간日干을

기준으로 자평술子平術에서는 다음과 같이 변용變用시켜 적용하기도 합니다.

	甲	乙	丙	丁	戊	己	庚	辛	壬	癸
咸池	酉	巳	子	申	卯	亥	午	寅	酉	寅
生	亥	午	寅	酉	寅	酉	巳	子	申	卯
浴	子	巳	卯	申	卯	申	午	亥	酉	寅

팔자八字에 함지咸池의 글자가 있으면 - 특히 일주日柱에 - 일단 용모容貌가 아름답습니다. 회남자淮南子가 말하기를 "일출부상日出扶桑, 입어함지入於咸池"라, '함지는 해가 질 때 들어가는 서쪽의 큰 못'인데 낙조落照시에 그 빛이 휘황찬란輝煌燦爛하기 때문입니다. 다시 말해 함지咸池가 품는 뜻은 '미美와 패敗'로 요약할 수 있습니다.

	甲	乙	丙	丁	戊	己	庚	辛	壬	癸
咸池	酉	巳	子	申	卯	亥	午	寅	酉	寅
浴	子	巳	卯	申	卯	申	午	亥	酉	寅

이상에서 甲子, 乙巳, 丙子, 己亥, 庚午, 辛亥 는 일주日柱 도화桃花에 해당됨을 알 수 있는데 이를 따로 나체도화裸體桃花라 해서 노소老少를 불문하고 이성의 나신裸身을 보기 좋아하며, 탐음貪淫, 난륜亂倫 등의 우려가 깊다고 했습니다. 이 같은 점은 팔자의 유형과 환경을 참작해서 판단하는 게 바람직한데 어쨌든 자신自身을 꾸미기 좋아한다는 공통된 속성은 숨기기 어렵습니다.

팔자八字에 子午卯酉, 네 글자를 모두 갖추면 편야도화遍野桃花라 해서 주색황음酒色荒淫하는데 이는 사주四柱의 격格이 좋아도 같다 했습니다. 어느 운運에서건 사패지四敗地의 형충파刑沖破가 요동하기 때문입니다.

천간天干이 합合하고 지지地支의 도화桃花가 형刑이 되면 곤랑도화滾浪桃花라 해서 색탐이 지나치고, 정신이 혼미昏迷해질 정도로 몰입하며 경우에 따라 정사情死하는 수가 있다고 했습니다. 가령 다음과 같은 팔자 유형에 해당됩니다.

辛 丙 甲 己

卯 子 戌 卯

6. 대帶는 관대冠帶의 '대'로 벼슬아치가 정식正式 예장禮裝을 차린 것을 의미합니다. 목욕沐浴을 마친 후 의관衣冠을 갖추고, 자세를 바로 잡으니 용모가 단정하여 타인의 인정을 받게 되어 그동안의 고생苦生에서 벗어나는 운기運氣를 실감하게 됩니다. 그런데 성공成功의 고지에 오르려면 다소 시간이 걸리게 되어 있습니다. 까닭에 기대와는 달리 지연遲延되는 지루함이 따릅니다. 또한 관대冠帶는 의관과 띠를 자주 벗고 갈아입어야 하므로 평안平安하지 않습니다. 앞에서 '양養, 대帶, 쇠衰, 묘墓'의 운성運星은 辰戌丑未, 사고四庫의 글자로 배정된다고 했는데, 이상은 모두 건축建築, 부동산不動産의 물상物象과 연계되므로 평생에 주거住居의 이동이 잦은 편입니다.

	甲	乙	丙	丁	戊	己	庚	辛	壬	癸
帶	丑	辰	辰	未	辰	未	未	戌	戌	丑
衰	辰	丑	未	辰	未	辰	戌	未	丑	戌

특히 대帶와 쇠衰는 운기運氣의 고저高低가 같은 수위로 사수四數의 파破로 조합됩니다. 그래서 팔자에

대帶가 있고 주거지住居地를 옮기면 파破의 물상物象을 대체代替하고 개운開運의 신호로 여길 때가 많습니다. 반대로 쇠衰는 이동移動을 신중하게 살펴야 합니다. 이 둘은 모두 의관衣冠과 관계되므로 쇠지衰地는 봉신封神, 종교宗教 등과 인연을 맺기 쉽습니다.

★ 이린포태V
십이운十二運을 대운大運에 적용하는 봉법逢法이나 인종引從에서 의미를 두는 운성運星이 바로 대帶입니다. 이때 대운大運의 행보가 '양일간陽日干은 순행順行, 음일간陰日干은 역행逆行'해야만 운運이 호전되는 시기로 간주하게 되는데 이를테면 甲日이 丑運을 보고 다음에 寅運으로 전개되거나, 乙日이 辰運을 보고 다음이 卯運으로 향할 때를 의미합니다. 다시 말해 대帶에서 욕浴으로 대운大運이 흐르면 좀체 대帶의 행운幸運을 거론하지 않습니다.

7. 록祿은 복록福祿의 '록'입니다. 록祿은 만사萬事가 형통亨通하는 운세運勢라 할 수 있습니다.

	甲	乙	丙	丁	戊	己	庚	辛	壬	癸
祿	寅	卯	巳	午	巳	午	申	酉	亥	子

앞에서 욕浴과 록祿은 봉법逢法을 위주로 보면 효용이 크다고 했습니다. 팔자에 록祿이 월지月支에 있고 재관財官을 용用하면 귀명貴命의 두터운 복록福祿을 실감하게 됩니다.

명통부明通賦에 일주日主의 록祿이 시지時支에 있고, 관官이 몰沒하면 청운득로靑雲得路라 하였으니 일찍 출세 길이 열리게 됩니다. 이것을 귀록歸祿이라 하는데 팔자에 관살官煞이 있으면 일록귀시격日祿歸時格을 이루지 못합니다. 즉 관官이 왕강旺强하면 허약한 일주日主는 특별히 인수印綬의 생조生助를 기뻐하는 이치와 같은 말입니다.

원리부元理賦에 일록귀시격日祿歸時格이 재財를 보면 복福이 있고 무재無財하면 반드시 빈貧하다 했습니다. 고가古歌의 내용을 살피면 귀록歸祿은 한결같이 재財를 기뻐하고, 관官을 기피하는데 이를 요약하면 일록귀시격日祿歸時格이란 월령月令이 재왕財旺한 신약명身弱命을 의미하는 것입니다.

丁 戊 癸 癸
巳 子 亥 酉

癸酉生은 자평일득子平一得에서 귀록격歸祿格으로 설명한 모거상某巨商의 팔자입니다.

癸 丙 壬 壬
巳 申 子 子

壬子生은 자평진전평주子平眞詮評註에서 인용한 팔자로 관살혼잡官煞混雜의 살왕명煞旺命인데 관살官煞이 투透한 귀록파격歸祿破格으로 볼 수 있습니다.

★ 이린포태Ⅵ
록祿의 글자는 월일시月日時 어디에 있어도 일단 복신福神으로 간주합니다. 록祿의 귀貴를 살필 때는 팔자 전체의 강약强弱을 잘 가려 재財와 관官, 그리고 인印을 써야 합니다.

월지月支에 록祿이 있으면 건록격建祿格이라 하는데 대개 부모덕父母德은 엷은 편이고, 자수성가自手成家하는 경우가 많습니다. 이때는 팔자에 財나 官이 힘차게 투透해야 비로소 부귀富貴를 확정시키는 요인이 됩니다.

일지日支에 록祿이 있으면 일록격日祿格 또는 좌록坐祿이라 하는데, 부부정夫婦情이 두텁고, 맞벌이를 하는 경우가 많습니다. 이때는 팔자가 재격財格이 되어야 무난하고, 관官을 보면 좋지 않습니다. 재왕財旺에 일록日祿이나 귀록歸祿 모두 생왕生旺하기 어려우므로 록祿이 공망空亡되면 길의吉意가 사라집니다. 인印을 보면 한층 부귀富貴를 발현하게 됩니다.

귀록격歸祿格은 시록時祿이라고도 하는데 일록日祿보다 더욱 특별히 취하는 격格입니다. 재격財格에 관官은 응당 기피하고, 명중命中 인印을 보게 되면 청년등과급제靑年登科及第한다고 했습니다. 금성옥진부金聲玉振賦에 이르길, 귀록歸祿은 재財를 애愛하고 관官을 보면 수명壽命을 해친다 하였습니다.

8. 왕旺은 성왕盛旺의 '왕'입니다. 절정絶頂의 운기運氣로 운수대통運數大通하는 때를 의미하여 명리名利를 크게 얻습니다만, 더 이상의 단계는 없으므로 시간이 지나면 필연적으로 쇠퇴衰退합니다. 대운大運이 건록建祿에서 진전되었다면 가히 전성기全盛期를 기대할 만합니다.

왕旺은 록祿과 마찬가지로 日時에 해당될 때 재왕財旺을 기뻐합니다. 이로써 부귀富貴가 보증되고, 능히 살煞을 감당하므로 刃과 煞이 조합되면 권위權威가 높아집니다.

	甲	乙	丙	丁	戊	己	庚	辛	壬	癸
祿	寅	卯	巳	午	巳	午	申	酉	亥	子
旺	卯	寅	午	巳	午	巳	酉	申	子	亥

록祿과 왕旺은 음양간陰陽干이 서로 호환되는 자리배열로 음양陰陽이 상응相應하는 때라 할 수 있습니다. 일주日柱 제왕帝旺으로는 丙午, 戊午, 壬子와 丁巳, 己巳, 癸亥를 들 수 있는데 모두 강렬한 개성個性의 소유자로 보면 얼추 맞아 떨어집니다.

이중 특별히 양간陽干만을 취해 격格을 취하기도 하니 그것이 곧 양인격陽刃格입니다. 고서古書에 이르길, "겁재劫財 양인은 時에 있는 것이 가장 나쁘고, 세운歲運과 대운大運이 함께 오면 재앙災殃이 도래한다. 양인陽刃이 있고 칠살七煞이 있으면 대귀大貴하니 과거에 합격하고, 양인이 칠살을 만나면 타향에서 이름을 떨친다. 지지의 양인 위에 관살官煞이 있고 月時에 관살이 중첩하면 반드시 발전한다. 양인이 서너 개이면 반드시 질병이 있거나 눈이 멀고 여기에 인성印星이 겹치면 형벌을 받거나 질병을 앓는다. 양인이 충沖하거나 합合하는 유년流年에는 재앙이 있다"고 했습니다.

정리하면 日時의 록祿과 왕旺은 대개 재왕財旺을 기뻐하는 공통점이 있습니다. 록祿은 印을 기뻐하지만, 왕旺은 인印을 꺼리고, 록祿은 관살官煞을 꺼리지만 왕旺은 관살官煞을 기뻐합니다.

	甲	乙	丙	丁	戊	己	庚	辛	壬	癸
胎	酉	申	子	亥	子	亥	卯	寅	午	巳
旺	卯	寅	午	巳	午	巳	酉	申	子	亥

왕지旺地는 태지胎地와 충沖의 관계에 놓이는데 고

가古歌에 이르길, "정기무형正氣無刑이니 정남正南과 정북正北은 충沖하면 발달한다"고 했습니다. 즉 여타 운성運星 자리의 충沖과 달리 여기에는 생산生産, 합작合作의 발전적 의미가 담겨있습니다. 특히 丙午와 壬子 일주日柱의 일인격日刃格은 형충刑沖을 꺼리지 않는다고 했는데 이것은 모두 변생變生의 의미를 품기 때문입니다. 변생變生이란 이를테면 이혼離婚이나 사고事故 등이 계기가 되어 더 낳은 결과를 가져오는 식과 같은 삶의 변화를 의미합니다. 반면 간지쌍합干支雙合을 꺼리는데 이를테면 丙午日 辛未時나, 壬子日 丁丑時가 이에 해당됩니다. 왕지旺地의 합合에는 긍정적인 의미가 거의 없습니다.

★ 이린포태Ⅶ
양인陽刃은 봉법逢法에서 인종引從할 때 일충일합一沖一合을 중重하게 봅니다. 이를테면 甲이 卯를 보고 있는데, 己酉運을 만나거나 庚이 酉를 보는데 乙卯運나 庚辰運을 만나는 경우로 심하면 죽고 가벼우면 질병을 앓거나 재산이 소멸됩니다. 고서古書에서 이를 두고 "양인충합陽刃沖合에 재앙災殃이 발생한다"고 했습니다. 양인陽刃은 충沖이 아닌 형刑과 합合에서는 거의 부정적인 현상으로 나타납니다.

왕旺은 대개 거법居法을 위주로 살핍니다. 왕지旺地에 좌坐한 천간天干의 해당 육신六神과 육친六親의 의미는 상서祥瑞로운 것으로 대체로 합合이 되는 것을 가장 꺼립니다. 천간天干의 재관인식財官印食이 왕지旺地에 거居하면 해당 육친六親의 출세出世가 보증되는 격입니다.

年月의 재財가 왕지旺地에 있으면 부가富家의 출신입니다. 재복財福이 두텁고 이재영상理財營商의 재능이 출중한 편으로 실업實業을 크게 일으킵니다. 식상食傷을 보게 되면 가히 천복天福을 말할만합니다. 건명乾命은 현모양처賢母良妻를 만나게 되고, 신용과 신망이 두텁습니다. 만일 가난한 집안에서 재왕財旺한 자식이 태어나면 아버지나 자식 중 한 사람의 죽음을 피하기 어렵습니다.

年月의 관官이 왕지旺地에 있으면 명문가名門家의 자손으로 볼 수 있습니다. 고위직에 오르며 부귀영화富貴榮華를 누립니다. 건명乾命은 출세하는 자식이 있고, 곤명坤命은 귀부貴夫를 만나 성공시킵니다. 팔자에 재財가 있고 신왕身旺하면 더할 나위 없이 좋습니다.

인印이 왕지旺地에 있으면 수재秀才는 따 놓은 당상이고, 문학이나 예술 방면에서 세계적인 명성名聲을 떨치는 경우가 많습니다. 식食이 왕지旺地에 놓이면 두뇌가 명석明晳하고 곤명坤命은 모자母子가 화합하고, 크게 출세하는 자식을 두게 됩니다. 고서古書가 말하는 '식신유기승재관食神有氣勝財官'이란 식왕食旺의 성격成格을 말하는 것으로 부귀장수富貴長壽를 누리게 됩니다.

9. 쇠衰는 쇠퇴衰退의 '쇠'로 "달이 차면 기운다"는 말이 있듯 정점에서 기우는 운세運勢를 말합니다.

	甲	乙	丙	丁	戊	己	庚	辛	壬	癸
衰	辰	丑	未	辰	未	辰	戌	未	丑	戌

기氣의 흐름으로 보면 생왕生旺에서 이미 사절死絶로 접어든 것이니 체력이 떨어지고, 수입이 줄며 모든 기능이 점차 약화되는 때라 할 수 있습니다. 그런데 아직 세勢가 급격히 수그러진 게 아닙니다. 양간陽干은 모두 통근通根하여 강強하고, 음간陰干도 왕상旺相하여 쇠진衰盡한 것으로 볼 수는 없습니다.

甲辰과 乙丑, 庚戌과 辛未가 동주同柱로 쇠衰한데 거법居法을 적용할 때 각 육친六親이 실상에서 그렇게 부정적인 현상으로 나타나지 않습니다. 이를테면 건명乾命의 재財가 쇠지衰地에 있으면 보통 좋은 아내를 두게 됩니다. 사회적인 활동력이 왕성하거나 건강하지는 않아도 온화溫和한 경향이 있어 무난합니다. 다만 병약病弱하기 때문에 쇠衰의 형충파해합刑沖破害合은 일단 꺼리게 됩니다.

★ 이린포태Ⅷ
쇠지衰地는 토성土星으로 보통 부동산을 팔거나 담보로 투자하면 대개 액땜이 됩니다. 쇠衰는 운기運氣가 낮은 단계가 아니므로 물상대체物象代替의 효과가 비교적 효과적으로 나타납니다. 쇠지衰地가 야기하는 병약病弱의 현상은 마치 무병巫病과 같아 특별한 진단이 나오지 않으면서 무기력해지기 쉽습니다. 묘지墓地를 이장移葬한다거나, 건축업, 부동산 계통의 土 업종에 종사하면 좋습니다.

10. 병病은 질병疾病의 '병'으로 일단 정상적인 상태가 아닙니다. 활동이 위축되면 변덕變德을 부리거나

우울憂鬱해지기 쉽고, 희로애락喜怒愛樂의 성정性情이 각기 구분되어 뚜렷하게 드러납니다. 일지日支가 병지病地에 해당되면 감수성이 예민하고, 인정人情이 많습니다.

양간陽干이 병지病地에 놓이면 곧 역마궁驛馬宮이 되어 직장이나 활동 무대의 변화를 암시합니다. 대개 비겁比劫이 병지病地에 있으면 형제들이 해외海外나 원지遠地에 거주하는 경우가 많고, 직업의 변화가 많으나 부지런하고 대개 수단이 좋아 발전합니다.

	甲	乙	丙	丁	戊	己	庚	辛	壬	癸
生	亥	午	寅	酉	寅	酉	巳	子	申	卯
病	巳	子	申	卯	申	卯	亥	午	寅	酉

음간陰干의 병지病地 또한 생生과 충沖하는 글자로 분주하고 변화가 많습니다만, 노력에 비해 소득은 적은 편입니다. 충운沖運에 병病의 물상物象으로 대체代替하면 완쾌된 후에 발전적인 변화를 맞이하기 쉽습니다.

(1) **丙申病 물상** : 기계, 자동차, 전자제품, 선박, 항공기, 제철소, 용광로, 패물, 보석상, 안경점, 총포, 화

약, 정미소, 심장, 소장, 폐, 신경정신, 뇌혈관, 안과, 간질환, 고혈압, 두통, 독감 등.

(2) **丁卯病 물상** : 건어물, 재봉틀, 편물기, 엔진, 의류, 신발, 양말, 장갑, 한약, 인쇄물, 전자제품, 고환, 성기, 심장, 비뇨기과, 안과 등.

(3) **戊申病 물상** : 철근, 광물, 채석, 기계, 지하수, 중장비, 위장, 대장, 호흡기, 이비인후과 등.

(4) **己卯病 물상** : 목재, 지물, 의류, 서점, 화훼, 농작물, 당구, 야구, 테니스, 문짝, 위장, 비장, 간질환 등

(5) **壬寅病 물상** : 세탁, 염색, 자동차, 중화기, 호피, 서예, 그림, 화초, 원예, 자수, 방광, 신장, 위장 등

(6) **癸酉病 물상** : 폐수, 폐유, 수도, 주류, 닭고기, 화장수, 치과, 불상, 성병, 신장, 방광, 대장 등

11. 사死는 사망死亡의 '사'입니다. 모든 기능이 정지되고, 만사萬事가 동결凍結되니 이 운運에서 육친六親과 재물을 잃습니다. 사死에서는 몸이 죽고 정신精神만 남은 셈이니 대개 기예技藝 방면에 종사하는 사람들이 많습니다.

병지病地는 회생回生, 회복回復의 뜻을 품고 있지만 사지死地는 욕궁浴宮과 대대待對하여 사체死體를 염殮

하는 물상物象으로 포착되어 형충운刑沖運이 두려운 것입니다.

	甲	乙	丙	丁	戊	己	庚	辛	壬	癸
浴	子	巳	卯	申	卯	申	午	亥	酉	寅
死	午	亥	酉	寅	酉	寅	子	巳	卯	申

동주사同柱死로는 乙亥, 甲午, 庚子, 辛巳가 있는데 모두 지지地支의 형충刑沖를 크게 꺼립니다. 일차적으로 乙亥 사지死地가 있으면 다리를 절거나 물과 관계된 장사를 하는 경우가 많습니다. 신경통, 두통, 신경성질환, 간질환, 수족, 허리 등에 상해傷害를 입기 쉽습니다. 甲午 사지死地는 목기木氣가 분멸되어 두통, 요통腰痛, 견통肩痛, 무병巫病 등이 침범할 수 있습니다. 庚子 사지死地는 금기金氣에 문제가 발생하여 대장, 폐결핵, 각혈咯血 등이 따르고, 辛巳 사지死地도 마찬가지로 폐결핵, 호흡기질환, 허리, 치아 등에 통증을 느낄 때가 많습니다.

운성運星, 사死는 거법居法도 중요하지만, 봉법逢法과 인종引從도 간과해서 안 됩니다. 이를테면 丙火 일원日元이 팔자에 酉를 보면 비록 동주同柱가 아니라도 사死가 되는데 酉年이나 유운酉運에 죽음에 이르기도 하는 것입니다. 이때 癸水가 酉를 깔고 앉았다면 신장계통에 병病이 든 것으로 추리하는 식입니다.

★ 이린포태IX

사死에는 시생始生의 의미를 품고 있어 거법居法에서 해당 육친六親을 추리할 때는 부정적으로만 보지 않습니다. 예컨대 인수印綬가 사지死地에 있으면 어머니가 두 분일 때 화액禍厄을 면할 수 있다고 보는 식입니다. 재관財官이 사지死地에 있으면 첫 배우자를 잃거나 헤어지고 나서 새로운 연분緣分이 되는 상대가 구제救濟되는 것으로 봅니다. 팔자술八字術 실제에서 사死를 적용할 때는 그 뜻이 몹시 위중하므로 가볍게 단안斷案할 만한 내용이 아니기에 보다 신중히 살펴야 합니다. 가령 곤명坤命의 관官이 사지死地에 앉았다 할지라도 재財가 유력하여 이를 생生하는 구조면 좀체 생사이별을 쉽게 말하지 않는 게 좋습니다. 그러나 관官이 고립되어 사지死地에 앉으면 필시 무력하고, 해로偕老는 불가합니다.

12. 묘墓는 입묘入墓의 '묘'로 무덤 속의 답답해진 상황을 의미합니다. 일을 도모할만한 때도 아니고 분위기도 조성되지 않으므로 억지로 움직이면 오히려 입고入庫로 갇히게 되는 것입니다.

묘墓는 따로 고庫라고도 하는데 이것을 형충刑沖하면 개출開出된 장간물藏干物을 '얻거나, 잃는' 복합적인 상황이 발생하게 됩니다. 이러한 현상은 '형충회합刑沖會合'의 득실得失 편에서 잘 설명되어 있으므로 이 책을 참고하면 좋습니다.

요는 이미 팔자八字에 투透한 천간天干이 묘지墓地에 앉았을 때 이것이 충격衝擊되면 해당 천간육신天干六神이 우선적으로 입고入庫되는 상황이 펼쳐진다는 데 있습니다.

	甲	乙	丙	丁	戊	己	庚	辛	壬	癸
墓	未	戌	戌	丑	戌	丑	丑	辰	辰	未

庚 壬 丙 乙
戌 戌 戌 未

乙未生은 게이츠(Bill Gates)의 팔자로 辰戌이 충沖하는 2000년에 CEO자리를 물러나며 200억 달러를 출연하여 '빌&멜린다'라는 이름의 자선재단을 설립하였습니다.

입고入庫의 물상物象은 다양하게 일어나는데, 심하면 육친六親이 입묘入墓하여 영면永眠하게 되고 금고金庫로, 창고倉庫로, 감옥監獄으로, 병원病院으로 입원하는 등 외부의 환경과 단절되는 현상을 낳게 됩니다. 묘지墓地의 물상物象 나들이는 위 게이츠의 사례로 짐작할 수 있는데, 보통 재화財貨의 손실로 육친六親은 건전한 이치에 따릅니다.

입묘入墓의 현상은 동주同柱에 한정되는 것은 아니지만, 일반적으로 동주同柱에 주안을 두고 판단하면 더욱 묘妙한 것입니다.

			丙	丁	戊	己			壬	癸
墓			戌	丑	戌	丑			辰	未

다음으로 입묘入墓의 현상에는 천간天干을 유인誘引하는 장간물藏干物이 있어야만 보다 강한 작용을 일으

킵니다. 바로 음양지합陰陽之合의 구조를 뜻합니다.

	甲	乙	丙	丁	戊	己	庚	辛	壬	癸
墓	未	戌	戌	丑	戌	丑	丑	辰	辰	未
入墓	己		辛				辛		癸	

이때 戊土는 辰中癸水와 합合을 이루므로 水土의 묘고墓庫를 辰으로 보는 이유가 여기에 있습니다. 己土는 戌中戊土와 짝을 이루어 戌土에 입고入庫됩니다. 그러므로 丁丑이 형충刑沖되면 丁火가 입고入庫되는 법은 없고 다만 팔자의 재財, 금신金神이 입묘入墓되는 상황에 따라 수명壽命이 좌우되기도 하는 것입니다.

★ 이린포태X

입묘入墓 현상은 팔자술八字術 실제에서 매우 요긴하게 쓰이는 법수法手입니다. 그러므로 사고四庫의 글자와 팔자에 투透한 천간天干과의 관계를 긴밀히 살펴 적용해야 하는데, 각 글자의 형충운刑沖運에 입고入庫되는 글자 오행을 살펴 정리하면 다음과 같습니다.

사고四庫	합몰合沒
辰	壬水, 戊土, 甲木
戌	丙火, 壬水
丑	庚金, 丙火
未	甲木, 庚金

천간天干의 입묘入墓 현상과 달리 개고改庫된 장간물藏干物은 고庫의 기물器物이 깨지는 것과 같아 상해傷害를 입게 되는데, 합화合化하여 생산生產하면 획득獲得의 기쁨이 따르지만 불화不化로 손실損失되면 해당 오행五行 글자의 화액禍厄을 체감하게 됩니다.

예컨대 丑戌 형刑이 불화不化의 손실損失로만 귀결되는 경우, 팔자에 투透한 丙庚壬은 입묘入墓되고, 己辛癸乙丁은 파상破傷되어 팔자에 투透한 己辛癸乙丁이 무력無力해지는 양상으로 나타납니다. 통변通辯의 초점은 천간육신天干六神에 두는 것이 좋을 때가 많습니다.

운성봉법運星逢法

- BAZI SCANNING -

봉법逢法이란 팔자八字 원국原局에서 일간日干을 주主로 하여 年月日時, 사지四支에 배당된 운성運星의 의미를 파악하는 기법을 말합니다. 근묘화실根苗花實로 육친六親의 동태動態를 파악하고, 원형이정元亨利貞으로 운기運氣의 흐름을 살핍니다.

십이운성표[2]

運星	甲	乙	丙	丁	戊	己	庚	辛	壬	癸
子	浴	病	胎	絶	胎	絶	死	生	旺	祿
丑	帶	衰	養	墓	養	墓	墓	養	衰	帶
寅	祿	旺	生	死	生	死	絶	胎	病	浴
卯	旺	祿	浴	病	浴	病	胎	絶	死	生

辰	衰	帶	帶	衰	帶	衰	養	墓	墓	養
巳	病	浴	祿	旺	祿	旺	生	死	絶	胎
午	死	生	旺	祿	旺	祿	浴	病	胎	絶
未	墓	養	衰	帶	衰	帶	帶	衰	養	墓
申	絶	胎	病	浴	病	浴	祿	旺	生	死
酉	胎	絶	死	生	死	生	旺	祿	浴	病
戌	養	墓	墓	養	墓	養	衰	帶	帶	衰
亥	生	死	絶	胎	絶	胎	病	浴	祿	旺

봉법逢法은 다른 말로 일간日干의 십이운성十二運星이라 할 수 있는데, 주로 월지月支의 운성運星에 가장 큰 비중을 두고 다음으로 일지日支를 참작하는 방식입니다. 일본日本의 명리가命理家, 삼목희산三木熙山의 '사주추명완전독습四柱推命の完全獨習'에서 근간을 이루는 내용이 십이운十二運의 봉법逢法인데 팔자술八字術 실제에서 특효特效를 볼만한 내용은 별반 없지만, 일반적인 경향을 살필 수는 있습니다. 이때 월지月支의 운성運星은 천성天性, 일지日支는 개성個性으로 판단하면 무난합니다.

봉법逢法은 이 책에서 주되게 다루는 내용이 아니므로 대강의 의미만 간추려 요약하는 선에서 그쳤습니다. 대신 운성運星의 각 단계별로 원론적인 내용을 보강하여 설명함으로써 독자들의 학습 효과를 배가하는 데 역점을 두고 정리하였습니다.

1. 절絶

심신불안心身不安, 소심小心, 격정激情	
年支	편친성장偏親成長, 조년이향早年離鄕
月支	고립무원孤立無援, 유시무종有始無終
日支	신상다액身上多厄 , 자작자화自作自禍
時支	자식무덕子息無德

사람이 죽어서 땅에 묻히면 육肉은 흙이 되고, 정精은 흩어집니다. 즉 육신과 정신이 완전히 분리되고 단절됩니다. 이 같은 절멸絶滅의 상태에서 다시 환생還生의 절차를 밟는 절처봉생絶處逢生의 운성을 절絶이

라 합니다. 절絶을 다른 말로 포胞라 하는데 이것은 하나의 세포細胞로 육신이 없는 영혼靈魂과 같습니다.

無無에서 유有를 창조하고자 하는 정신은 충만하나 육신이 없으니 결론적으로 허약하고 무기력한 상태입니다. 하고 싶은 게 많고 잘 하고 싶어도 아무 것도 할 수가 없다는 애기입니다. 경험이 없으니 사리事理를 알고, 사물을 분간하는 능력이 없습니다. 그래서 기분에 좌우되고, 강렬하고 갑작스러워 누르기 어려운 감정에 휩싸이기도 합니다.

月日에 절絶이 있으면 이 사람은 천성이 단순하고 담백합니다. 변화가 많고 변덕變德이 심합니다. 다양한 분야에 관심과 흥미를 갖게 되는데 즉흥이요, 우발입니다. 따지고 생각할 겨를이 없습니다. 쉽게 만나 쉽게 헤어집니다. 외견은 단순 소박하지만, 내면은 이기적이고 욕심이 많습니다. 남을 배려하기보다 자신을 먼저 생각합니다. 영리榮利하거나 간사한 게 아니라, 운기運氣가 허약해 생각하고 분별할 능력이 없어 그런 것입니다. 그러니 아량과 관용, 인내忍耐를 기대하긴 어렵습니다.

2. 태胎

허약질병虛弱疾病, 의존依存, 임신姙娠, 과묵+수다	
年支	체질허약體質虛弱, 자수성가自手成家
月支	중년전업中年轉業, 권태倦怠, 중단수中斷數
日支	중년건강中年健康, 재혼수再婚數
時支	비희우락교차悲喜憂樂交叉

절처봉생絶處逢生의 태기胎氣가 자궁子宮에서 수태受胎되면 태아胎兒가 형성됩니다. 뱃속의 태아는 마냥 자유롭고 행복하게 자라나지만, 낙태落胎라는 위협에 놓이기도 합니다. 응당 폭력을 기피하고, 자유와 평화를 소망하게 됩니다. 겁怯이 많아 밤길을 두려워하고, 무서움이 유별납니다. 독립심은 부족하고, 의존성이 깊습니다.

月日에 태胎가 있으면 순진하고 낭만浪漫적인 성향을 띠게 됩니다. 태胎의 인생은 자기만을 변치 않고 뜨겁게 사랑하기를 원합니다. 상대가 변심變心하거나 정情이 시들면 막무가내입니다. 태아胎兒는 밖의 세상 물정에는 어두울 수밖에 없습니다. 여리고 연약해서 참을성과 지구력이 부족합니다. 성급하고 즉흥적이며 감정에 치우칩니다. 이로 인해 몇 차례 실수와 낭패狼狽를 거듭해도 교훈을 얻지 못하는 것은 타고난 천성天性이 그러하기 때문입니다.

절絶과 태胎는 한마디로 시종일관始終一貫이 어렵습니다. 대개 고상高尙하고 이상은 높지만 현실에 어둡고 신념이 약하므로 혼자서는 성취成就하기 어렵습니다. 아량雅量을 기대하기 어렵고, 권태倦怠를 쉽게 느끼므로 팔자八字에 인수印綬가 투透해야 지구력持久力을 기대할 수 있습니다.

3. 양養

기상명랑氣象明朗, 의용義勇, 육친분리六親分離	
年支	조부장수祖父長壽, 부모영귀父母榮貴
月支	육친덕후六親德厚
日支	가정화평家庭和平
時支	만년안락晩年安樂, 타자양육他子養育

태아胎兒가 건강히 자라 만삭滿朔인 상황을 양養이라 할 수 있습니다. 즉 출생出生 직전으로 특별히 위험한 시기가 아닙니다. 때만 기다리면 되므로 불안不安이나 두려움과는 거리가 멀고 자신감과 여유가 있으며 태평합니다. 곧 모체母體에서 분리分離되므로 근기根基, 즉 고향과 혈육과의 이별을 강하게 암시합니다. 이것은 곧 양자養子를 뜻하며, 상속相續과 연계됩니다.

月日에 태胎가 있으면 원만圓滿하고 온후溫厚한 성정性情을 지니며 누구에게나 환영받을만한 팔방미인八方美人형이라 할 수 있습니다. 침착하고 차분해서 불안하거나 두려운 것이 없습니다. 비가와도 태연하게 걷습니다. 초조해 하는 일도 없고 불평불만이나 속이 상해도 좀체 화를 내지 않습니다. 언제나 상황을 낙관한다는 뜻입니다. 물질적인 풍요는 수완과 요령이 아닌 긍정적인 태도에서 비롯됩니다. 자연 상속相續의 수혜를 받게 됩니다.

양養은 에너지가 넘치므로 호색好色하는 특징이 있고, 여성의 양養은 부부간의 생사이별生死離別로 나타나는 경우가 많습니다. 이 사람은 교육敎育, 육영育英, 종교 분야에서 두각을 드러내기 쉬운데 급속히 발전하거나 변화를 즐기는 유형은 아닙니다.

4. 생生

사교적社交的, 색탐色貪, 대기만성大器晩成	
年支	조부양자祖父養子, 타인양육他人養育
月支	원만온순圓滿溫純, 색탐패망色貪敗亡
日支	호방의협豪放義俠, 원만온후圓滿溫厚
時支	자욕봉양子欲奉養

생生은 장생長生의 줄임말이니 탄생誕生하여 자라나는 시기를 말합니다. 甲은 亥에서 생生하고, 乙은 午에서 생生하는데, 기氣는 하늘에서 질質은 땅에서 발생하기 때문입니다. 또 다른 비유로 하늘은 조상이요, 땅은 자손이니 木의 조상은 水요, 자손은 火가 됩니다. 남자는 조상의 혈통을 이어받는 것이 생生이고, 여자는 자식을 낳는 것이 생生입니다. 丙火 해는 동방 寅에서 생生하고, 丁火 달은 서방 酉에서 생生합니다. 이것이 바로 '음생양사陰生陽死, 양생음사陽生陰死'하는 이치입니다.

어머니의 품에서 자라나는 어린이는 천진난만天眞爛漫하고 순진하며 귀엽고 사랑스럽습니다. 유아幼兒는 의식衣食을 걱정할 필요가 없습니다. 주관主觀이 뚜렷할 이유가 없고 그저 어머니를 따르며 모방模倣하면 그만입니다. 생모生母가 아닌 유모乳母라도 가리지 않고 순순히 따르게 됩니다. 갓난아기는 남의 집 대문 앞에 버려줘도 키울 임자를 만나게 됩니다. 이는 곧 보살피고 보호해 줄 후견인後見人이 있음을 암시합니다. 윗사람을 섬기고 공경恭敬하는 데는 으뜸이나, 아랫사람을 통솔하고 다스리는 능력은 부족합니다.

月日에 생生이 있으면 성격이 온화溫和하고 덕德이 많으며 후견인後見人으로부터 받는 특별한 은혜와 사랑이 있습니다. 이것은 한마디로 인덕人德이라 할 수 있습니다. 어딜 가나 인정받고 신임信任을 얻습니다.

평생에 인덕人德이 두터운 유일한 길성吉星이 장생長生이요, 행운아幸運兒인데 후견인後見人을 외면하고 스스로 독립獨立하는 것은 참으로 무모하고 위태로운 행위로 실패와 비극을 자초하게 됩니다. 마치 갓난아이가 어머니의 젖꼭지를 외면하는 것과 다름없습니다.

5. 욕浴

호색음란好色淫亂, 예기藝技, 경솔輕率, 유산流産	
年支	부모부봉父母不奉
月支	부부이별夫婦離別, 생활고生活苦
日支	간통이혼姦通離婚
時支	말년곤경末年困境

욕浴은 어린아이를 목욕沐浴시키는 것과 같아 수월치 않고 고통苦痛스럽게 느껴지기 쉽습니다. 목욕탕에서는 누구나 알몸이 되고, 어머니의 품에서 벗어나 자라는 어린 시절은 알몸뚱이를 수치羞恥로 여기지 않습니다. 벌거숭이 어린아이는 제멋대로 행동하고, 천방지축天方地軸인데 보호자나 후견인後見人이 곁에 있지도 않습니다. 지속성持續性이 없고 종작없이 덤벙이므로 대개 실패失敗로 귀결되기 쉽습니다. 욕欲은 유행流行에 가장 민감한데 유행은 오래 가지 않고 수시로 변하는 법입니다. 쉴 사이 없이 변하는 유행과 더불어 새로운 멋을 추구하는데 앞뒤 가리지 않고 뛰어드는 것

이 목욕沐浴의 천성天性이라 할 수 있습니다. 이것은 곧 불륜不倫에 빠져드는 요인입니다.

月日에 욕浴이 있으면 풍류風流를 알고 즐기지만 완성完成을 기대하기 어렵습니다. 남이 하는 것은 다 따라 하지만, 얼마를 못가 중단하기 쉽습니다. 그리고는 새로운 것을 또 찾습니다. 즉 시종일관始終一貫하는 법이 없다는 애기입니다. 유시무종有始無終, 변화무쌍變化無雙으로 실패失敗를 자초하게 됩니다. 그래서 욕패浴敗라 하는 것입니다.

6.대帶

망자존대妄自尊大, 고집충돌固執衝突	
年支	만년행복晩年幸福
月支	중년발전中年發展
日支	유용무모有勇無謀, 주거불안住居不安
時支	자식발달子息發達

대帶는 성년成年에 이른 시기로 육체적으로는 성숙하지만, 정신적으로는 미완未完하여 반숙半熟의 상태라 할 수 있습니다. 어른 행세를 하고 어른 대접을 받으려고 하기 때문에 자존심自尊心과 주체성主體性이 강합니다. 유아독존唯我獨尊, 안하무인眼下無人의 기질을 품습니다. 덮어놓고 어른인 양 군림하고 위세威勢를 부리려고 하는 경향이 있습니다.

月日에 대帶가 있으면 아집我執이 셉니다. 남의 허물을 보면 비판하고 공격하는 것을 서슴지 않는 반면에 자신의 허물이나 잘못을 밝히거나 비판하는 것은 잘 용납하지 않습니다. 기어이 반격을 하고 앙갚음을 하며 무엇을 하든 남이 앞서는 것은 질색입니다. 앞서가는 경쟁자가 있으면 가만 놔두지를 않습니다. 이것은 시기猜忌와 질투嫉妬로 나타나 대립과 반목을 야기하므로 대립과 반목, 적대 관계를 낳습니다. 관대冠帶는 관용寬容이나 자비慈悲 면에서 매우 부족한 성분이라 할 수 있습니다. 그래서 특히 상관傷官이 대궁帶宮에 있으면 구덕口德의 흠을 발견할 수 있습니다.

용기勇氣는 있으나 모사謀事가 없으므로 사면초가四面楚歌에 놓이는 경우가 있습니다. 승자勝者로 군림할 때는 독존獨尊이고 형통亨通하지만 패자敗者로 밀려나면 보복으로 만신창이가 되는 것입니다. 대帶는 좀체 반성反省이 없습니다. 반면 패하고 쓰러져도 다시 일어나는 칠전팔기七顚八起의 끈기가 있습니다. 그래서 대帶를 가진 사람은 문제아고 풍운아가 되기 쉽습니다.

대帶는 중년中年까지 기복起伏이 많습니다. 정신이 반숙半熟이므로 공부를 많이 하고 교양交讓을 쌓고 수양修養을 많이 해야 합니다. 이해하고 관용, 도량度量을 갖추게 되면 크게 발전합니다.

7. 록祿

자수성가自手成家, 진취進取, 실천實踐, 화목和睦	
年支	만년수복晩年壽福
月支	곤경극복困境克復
日支	명리달성名利達成, 이별수離別數
時支	슬하귀자膝下貴子

록祿은 완성完成의 시기입니다. 관직官職에 임臨한다 해서 임관臨官이라 하고, 녹봉祿俸을 받는 벼슬아치라 해서 건록建祿이라고도 합니다. 성실하고 신중愼重하며 권위權威가 있습니다. 사리事理에 밝고 지식이 풍부하여 만사에 치밀합니다. 이를테면 정확한 투자投資를 하고 주먹구구식으로 행하는 법이 없습니다. 논리적으로 접근하고 분석하여 판단한 연후, 행동함으로써 좀체 오판誤判에 의한 실패가 따르지 않습니다.

月日에 록祿이 있으면 천성天性이 차분하고 빈틈이 없으며 철저하고, 사리에 밝게 처신합니다. 감정이나 기분, 용기나 욕심만으로 가볍게 움직이지 않습니다. 세밀하고 냉정하며 실용적이고 타산적打算的이라 할 수 있습니다. 이 사람은 자신이 서고 정확해야만 움직입니다. 한편 예민하고 날카로운 기질을 품어 추상抽象적이고 즉흥적인 사안에 대해서는 신경질적으로 비판하고 반대합니다.

록祿은 충분히 자립自立하고 독립獨立할 수 있는 시기이므로 부모父母나 타인에게 의지할 일이 없습니다. 그래서 대개 자수성가自手成家합니다. 장생長生은 보통 후견인後見人의 덕德을 보기 마련인데 건록建祿은 인덕人德이 없습니다. 까닭에 여자는 부덕夫德을 기대하기 어렵습니다. 사회활동을 하기로는 안성맞춤입니다. 자녀의 팔자八字에 록祿이 두터우면 부모의 운기運氣는 쇠衰하기 쉽습니다.

8. 왕旺

불요불굴不撓不屈, 정점頂點, 능숙能熟, 낭비浪費	
年支	명문출신名門出身
月支	독립창업獨立創業
日支	포부원대抱負遠大, 부부불화夫婦不和
時支	자손영화子孫榮華

왕旺은 제왕帝旺이니 운기運氣가 왕성하고, 독립심이 강하며 상속운相續運은 없습니다. 금전의 낭비浪費가 과하여 운명運命의 기복起伏이 필연적인데 좌절하는 법이 없습니다. 인간관계는 능숙하고 치밀하며 권력權力에 대한 욕망이 큽니다.

여명女命에 제왕帝旺이 있으면 남편을 억누르는 기질이 있어 불화不和하기 쉬운데, 그렇지 않다면 신체가 허약한 경우로 나타납니다. 丙午, 戊午, 壬子 일주日柱는 부부夫婦의 인연이 쉽게 바뀌는 경우가 잦고, 己巳, 丁巳, 癸亥는 감정이 악화되어 이혼離婚하거나 독신獨身을 고수하게 되는 경향이 짙습니다.

왕旺은 원리원칙을 위주로 대나무처럼 직선적으로 생각하고 행동하는 록祿과는 달리 만사를 경험에 의해 합리적이고 인간적으로 처리, 처신하는 능소능대能小能大한 실력자로 만인 위에 군림하는 군왕群王에 비유할 수 있습니다.

제왕은 매사에 원만하고 능소능대하며 능률적이고 탁월함으로써 능히 만인 위에 군림할 수 있는 군왕과 같습니다. 위엄威嚴만이 아닌 아량雅量으로 만인을 이해시키고 감동하게 함으로서 스스로 자발적이고 능동적으로 따르게 하는 것입니다. 록祿은 인간미와 융통성融通性이 없으나 왕旺은 차원이 다르므로 귀감龜鑑이 되고 스승이 되어 뭇사람을 자유자재로 통솔하고 다스리게 됩니다. 한마디로 그릇이 크고 기량器量이 뛰어나 큰일을 도모하고 이룰 수 있습니다. 다만 작은 일이나 실업實業은 적성이 아니어서 서툴고 실패하기 쉽지만, 다중多衆을 상대로 하는 대업大業은 능히 도모할 수가 있는 것입니다.

月日에 왕旺이 있으면 무엇을 하든 상대적이고 순리적으로 생각하고 행동합니다. 원칙이나 사사로운 것에 구애받지 않고 현실과 효율을 위주로 과단성 있게 추진하고 처리합니다. 왕旺은 록祿과 마찬가지로 인덕人德이 따르지 않으므로 선공무덕善供無德일 때가 많습니다. 하늘은 온전한 강자强者에게 스스로 성가成家하고 독립獨立할 것을 숙명宿命으로 삼게 하는 법입니다. 록祿은 처세에 모가 나기 쉽지만, 왕旺은 둥글고 그릇이 커서 능히 큰일을 감당합니다. 다만 작은 일에는 서투른 특징이 있습니다. 왕旺과 록祿이 같은 점은 불굴不屈의 정신력에 있습니다. 특히 제왕帝旺은 천신만고千辛萬苦해도 좌절하는 법이 없습니다.

9. 쇠衰

보수保守, 쇠퇴衰退, 신중愼重, 계승繼承,	
年支	가문쇠락家門衰落
月支	가산파산家産破散
日支	타관성가他官成家
時支	만년고독晩年孤獨

쇠衰는 일락서산日落西山의 형상으로 초로初老의 운기運氣에 해당합니다. 이때부터는 보수적이고, 피동적이며 소극적으로 변하게 되는 것입니다. 앞장을 서지 않고 한발 물러선다는 뜻입니다. 당당하거나 교만驕慢한 면이 없고 차분하고 침착하며 온순, 겸손謙遜합니다. 여전히 정신이 건전健全하고 노련하므로 한몫은 능히 감당할 수 있으니 하나의 전공專攻만 살려 매진하면 성공적인 삶을 기약합니다. 그래서인지 직업은 학자, 종교가 등이 적합합니다.

쇠衰의 운성運星은 이해성과 참을성을 대표하며 좀체 타인을 비판하거나 다투지 않습니다. 대립과 반목을 멀리하고 화합하는데 앞장섭니다. 한마디로 이 사람은 호인好人이라 할 수 있습니다.

月日에 쇠衰가 있으면 가정적이고 욕망이 적은 편입니다. 인정이 많아 타인의 부탁을 거절하지 못하여 피해를 봅니다. 특히 재정보증을 서다가 파산하는 경우가 많으므로 주의해야 합니다. 진취성이나 경쟁심이 없어서 뒤에 처져도 앞서가는 이들을 부러워하거나, 스스로를 크게 부끄러워하지 않습니다. 아첨阿諂하거나 비위를 맞추는 요령을 부리지 않으므로 출세와는 거리가 먼 편입니다. 여성의 경우 전형적인 양처良妻가 됩니다. 내조內助에 정성을 쏟고 생활이 궁색窮塞해도 불평불만을 하지 않습니다. 한마디로 타고난 성품이 착합니다.

이와 같이 쇠衰는 대帶와 대조적입니다. 대帶는 유아독존唯我獨尊이요, 안하무인眼下無人이나 쇠衰는 온화하고 다정하며 헌신적입니다. 쇠衰와 대帶가 만나면 강유剛柔가 조화되어 화목和睦하게 해로偕老할 수 있다 했습니다. 궁합宮合의 시작은 성격부터 절충折衷되어야 하기 때문입니다.

쇠衰를 타고난 이는 어려서부터 조숙早熟하고 언행이 노인 행세를 하는 듯 여겨집니다. 참을성이 많고 모든 일을 잘 이해하며 수용합니다. 대帶는 성을 내고 용서를 모르는데 쇠衰는 너그러이 이해하고 받아들입니다.

10. 병病

감상비관感傷悲觀, 우유부단優柔不斷, 결벽潔癖	
年支	초년허약初年虛弱
月支	가내우환家內憂患
日支	부부별리夫婦別離, 명민明敏
時支	파란곡절波瀾曲折

병病은 늙어 기력氣力이 떨어진 상태입니다. 늙고 아프면 몸이 불편하고 마음도 불안합니다. 그러나 과거에 산전수전山戰水戰을 다 겪은 터라 지모智謀가 출중한 특징이 있습니다. 대개 실행력은 부족하고 조용한 편이며 공상空想을 즐기고 남을 돕기 좋아합니다.

환자患者는 고독孤獨한 환경을 두려워하므로 더불어 이야기하고, 어울릴 상대가 필요합니다. 병病이 들어 병원病院에 입원하면 세상과 격리隔離되고 혼자가 되므로 인생무상人生無常을 실감하게 됩니다. 조용한 음악音樂을 즐기고, 감상적이 됩니다. 하찮은 일에 신경을 곤두세우거나, 화를 내는 경우도 있습니다.

月에 병病이 있으면 질병疾病에 걸리거나, 신경이 쇠약해질 우려가 있습니다. 月日에 병病이 있는 사람은 다정다감多情多感하고, 고립孤立되는 것을 싫어합니다. 회식과 동반 여행을 즐기고 사람과 어울리는 것을 즐기는 편입니다.

병病과 인연이 많은 직업은 의사와 간호사입니다. 보통 의약업계의 종사자 중에는 병病의 운성運星을 타고난 사람들이 많습니다. 이들은 선천적으로 다정하며 환자에 대한 애정이 깊으므로 천부적인 업業이라 할 수 있습니다. 일반인이라도 문병問病을 잘 가고, 모임을 즐기며 남을 돕고 인정을 베푸는 데 아낌이 없는 편입니다.

11. 사死

순종順從, 학예기술學藝技術, 소극적消極的	
年支	선대빈한先代貧寒
月支	육친무덕六親無德,
日支	병약病弱, 중년호전中年好轉
時支	자연박약子緣薄弱

사死는 신체의 기능이 정지되고, 죽음에 이른 상태를 말합니다. 육신肉身은 사라지고, 정신精神으로 생명을 유지하고, 생활하는 과정이 펼쳐집니다. 이때의 생업이나 생산수단은 지식과 예능, 기술 밖에 없습니다. 부귀영화富貴榮華라는 세속적인 욕구보다는 인생을 즐기고 싶은 마음이 간절해집니다.

月日에 사死가 있으면 유년 시절부터 생각이 깊고, 침착하며 영기英奇합니다. 학술, 의술, 예술, 점복占卜 등에 소질이 있고 탁월합니다. 독창적인 창의를 발휘하기는 어려우나 전통적인 지식을 연구하고 답습하는 데는 능합니다. 종교와 철학에도 적성이 맞으며 천성이 담백하고 사색적입니다. 빈번한 구설口舌은 양일간陽日干의 상관사궁傷官死宮에 연유합니다. 사死의 운성運星을 타고난 사람이 학자가 되고 철학자, 종교가, 예술가가 된다면 실로 천부적인 적성에 부합되는 것입니다.

12. 묘墓

축적蓄積, 폐쇄閉鎖, 종교기예宗教技藝	
年支	가산상속家産相續
月支	조리근기早離根基
日支	육친무연六親無緣, 이향유리離鄕有利
時支	만년재복晩年財福, 부자불친父子不親

묘墓는 무덤 속에 갇힌 갑갑한 상태를 의미합니다. 그곳에는 시신屍身만이 있을 뿐 인생이 없습니다. 사치와 낭비浪費는 그야말로 어불성설語不成說이 아닐 수 없습니다. 밖으로 나올 수 없기 때문에 아끼고 절약하는 게 당연합니다.

月日에 묘墓가 있으면 이 사람은 선천적으로 검소儉素하고 절약하며 모으는 것을 즐깁니다. 어려서부터 저축貯蓄에 익숙하고, 성장해서도 허영과 사치와는 동떨어져 지내며 물욕物慾이 강합니다. 모으는 것은 즐거워도, 소비할 때는 지옥 같은 심정에 놓일 때가 많습니다. 신혼여행도 애정이 주가 아니라 절약이 우선일 정도입니다.

욕浴은 앞뒤를 가리지 않고 천방지축天方地軸으로 행동하나 묘墓는 뒷일을 대비합니다. 실속이나 실리實利가 없는 일에는 관심이 없습니다. 묘墓의 운성運星은 곧 신용信用을 뜻하므로 이 사람에게는 금고金庫를 맡겨도 부정이 없습니다. 대우를 잘 하면 몇 배의 최선을 다해 보답합니다.

독립獨立은 록祿과 왕旺의 특징인데, 묘墓를 지닌 여성 또한 독립하려는 성향이 강합니다. 경제적인 활동을 할 수 있도록 배려해야만 활달해지고 아프지 않습니다. 팔자八字의 月日에 왕旺과 묘墓가 있다면 소비와 저축이 다양하게 일어날 것입니다.

운성거법運星居法

- BAZI DIVISION -

십이운활용법十二運活用法, 즉 포태술胞胎術은 고래로 이에 관한 문헌이 희귀하여 간명看命의 원칙이나 자세한 내용이 전해지지 않고 있습니다. 앞에서 봉법逢法의 전반을 살폈는데, 보통은 팔자八字 일간日干의 강약强弱을 판정하는 보조적인 수단으로 활용하는 경우가 많습니다. 이것은 오행五行 생극生剋의 이법理法으로 충분히 통하는 문제이므로 신강약身强弱 판정에 운성運星을 배합할 필요는 전연 없습니다.

근대 자평子平의 대가인 서락오徐樂吾가 말하길, "오행五行의 생왕묘절生旺墓絕이 있을 뿐, 십간十干의 생왕묘절生旺墓絕은 없다"고 했는데 이로 인해 많은 후학들이 여전히 양간陽干의 십이운성十二運星만을 취하고 음포태陰胞胎는 부정하는 경우가 많습니다. 스승이 논단하기를 "이러한 현상은 오행五行 생극生剋의 이학理學이 주가 되는 자평술子平術에서 음양陰陽 기학氣學을 접목하는 방식에서 차질을 빚었기 때문에 드러난다"고 했습니다. 결론적으로 서락오徐樂吾가 말한 오행의 생왕묘절은 팔자八字 간지干支의 각 글자를 십성十星으로 구분하여 각각의 오행五行으로 월령月令에 귀속시켜 희기喜忌를 살피는 십성쇠왕법十星衰旺法의 명리원칙((Bazi Doctrines)으로 보면 무난합니다. 한편 십간의 생왕묘절은 포태법胞胎法으로 무리 없이 활용할 수 있는데, 특히 거법居法에서 효용이 크다는 점을 확인할 수 있습니다.

앞에서 설명한 봉법逢法이 일반적인 경향을 살피는 데 국한되는 방식이라 한다면, 거법居法은 팔자술八字術 실제에서 보다 효과를 보는 기법이라 할 수 있습니다. 이때는 형충회합刑沖會合의 난이도가 높은 법수가 전제되어야 하지만 여기서는 가급적 물상物象에 착안하여 설명하고자 합니다. 거법居法이란 사주四柱 각각의 기둥에서 동일 간지干支의 십이운성十二運星을 살피는 방식인데, 이를테면 '팔자술필살기八字術必殺技'

에서 처음 사용된 '동주사同柱死, 동주입묘同柱入墓' 등의 개념이 곧 거법居法에 속합니다.

거법居法의 일례를 들자면, 곤명坤命 水 일간日干이 甲午月에 태어난 경우 甲은 식상食傷으로 식상이 午火의 사궁死宮에 거居한 것이니 사死의 물상物象이 겹치는 오운午運이 오거나, 충沖하는 子運이 오면 사死와 욕浴이 沖하여 그 자식이 사망하고 시신을 염장하는 물상을 포착해 내는 고도의 법수法手를 구현할 수 있습니다.

다른 예로 乙亥 일주日柱의 곤명坤命이 庚子生이라면 庚官이 사지死地에 거居하여 그 남편이 무력하거나 이미 생사이별을 했거나 둘 중의 하나임을 바로 알 수 있습니다. 이때 유년流年이 병술년丙戌年이면 식상食傷이 묘궁墓宮에 거居하므로 진로가 막히거나 자녀궁에 근심이 발생할 가능성이 높습니다. 거법居法에서 나아가 인종引從으로 살피면 戌年은 乙木 일원日元의 묘궁墓宮이 되기도 하므로 답답한 국면임을 더욱 확신할 수 있는 요소가 됩니다. 이듬해 丁亥年은 일원日元의 사지死地로 건강의 악화나 무력한 상태가 더욱 깊어지는데 丁亥는 식상食傷이 태지胎地에 거居한 것으로 이 해에는 긴 터널에서 빠져 나오는 운기運氣로 파악할 수 있습니다.

이상과 같이 거법居法은 천간天干 육신六神에 배당되는 동주同柱 운성運星을 기준으로 육친六親과 육신 성정의 길흉화복吉凶禍福을 파악하는데 중점을 둡니다. 이를 신속하고 자유자재로 활용하려면 아래의 갑자포태甲子胞胎(同柱運星)를 미리 암기暗記해 둘 필요가 있습니다.

갑자포태표[3]

甲子浴	乙丑衰	丙寅生	丁卯病	戊辰帶	己巳旺	庚午浴	辛未衰	壬申生	癸酉病
甲戌養	乙亥死	丙子胎	丁丑墓	戊寅生	己卯病	庚辰養	辛巳死	壬午胎	癸未墓
甲申絶	乙酉絶	丙戌墓	丁亥胎	戊子胎	己丑墓	庚寅絶	辛卯絶	壬辰墓	癸巳胎
甲午死	乙未養	丙申病	丁酉生	戊戌墓	己亥胎	庚子死	辛丑養	壬寅病	癸卯生
甲辰衰	乙巳浴	丙午旺	丁未帶	戊申病	己酉生	庚戌養	辛亥浴	壬子旺	癸丑帶
甲寅祿	乙卯祿	丙辰帶	丁巳旺	戊午旺	己未帶	庚申祿	辛酉祿	壬戌帶	癸亥旺

갑자포태甲子胞胎는 곧 일주포태日柱胞胎로 활용할 수 있는데 이를 십간十干별로 정리해 보았습니다.

※ 거법居法에서는 주로 '생왕사절生旺死絶(The rise and fall)'과 '간지팔자干支八字(The sexagenary cycle)'에서 관련 내용을 발췌, 보완하여 수록하였습니다.

1. 甲木

甲子浴	甲寅祿	甲辰衰	甲午死	甲申絶	甲戌養

甲子日은 욕지浴地로 욕패浴敗의 작용이 가장 강렬하게 나타납니다. 子卯刑과 午卯破가 모두 욕浴의 물상物象인데 주거住居의 잦은 이동과 부부의 인연이 바뀔 가능성이 높습니다. 범선帆船이 연상되는 글자로 활동 무대가 넓은 편입니다. 한편으로는 겨울나무와 같아 추위를 많이 타고, 냉증冷症이나 풍질風疾에 노출되기 쉽습니다. 그래서 여성의 경우 자연유산自然遺産이나 생리불순生理不順 등의 현상을 겪기 쉬우며, 산후풍産後風을 특히 조심해야 합니다. 또한 '큰 집안에 쥐 떼가 모인 형태'로 이 사람은 배우고 가르치는

일이 적성適性에 맞습니다.

甲寅日 록지祿地는 丙火를 반기므로 辛未時면 좋습니다. 이때는 재관財官을 모두 비출比出해서 쓸 수 있습니다. 이 사람은 대량大樑, 대들보는 그릇이 큰 사람입니다. 사상思想이 건전健全하고, 자립심自立心이 있으며, 사사私事로이 행行하지 않습니다. 주관主觀이 확고確固하고, 고집固執이 있으며, 가을에 이르러서야 열매를 맺으므로 몇 번의 시행착오試行錯誤를 거쳐 목적지目的地에 도착합니다. 간여지동干與支同에 甲, 현침懸針이 둘이니 성적욕구性的欲求가 강强한 가운데 부부夫婦간 서로의 자존심自尊心만 내세우는 격格으로 더러 실패수失敗數가 있고, 여성도 조혼早婚은 실패失敗할 가능성可能性이 높으며 가주家主로서 역할하는 경우가 많습니다.

甲辰日은 쇠지衰地로 세勢는 강强하나 기氣는 쇠衰하니 재인財印을 지녀 선량善良합니다. 丙寅時면 재관財官을 비출飛出하여 부귀富貴한 경우가 많습니다. '나무가 땅에 단단히 뿌리를 내린 형상形象'으로 은근히 자기주장自己主張을 강하게 밀고 나가며, 지지 않으려는 속성이 대단합니다. 청룡靑龍은 성질이 급하고,

변덕이 심하여 급격한 변화를 겪으며 속성속패速成速敗하는 일이 많습니다. 또 조화造化를 부리므로 이 사람과 맞서면 피해를 보기 십상입니다. 축재蓄財하는 재주가 비상하고, 백호白虎로 처궁妻宮에 화액禍厄이 닥칠 우려가 깊으며 금전적인 문제로 배우자를 고생시키는 경우가 있습니다. 곤명坤命은 혹 남편男便이 조사早死하여 과부寡婦가 되기도 하는데, 그렇지 않다면 배우자가 무력無力해져 부양扶養하는 공功이 나타납니다.

甲午日 사지死地는 午中己土를 비재飛財하나 丙寅時는 불리합니다. 분목焚木되어 나무가 불볕에 말라 죽는 모습이니, 인내심이 부족하고 폭발적인 성향을 드러낼 때가 있습니다. 甲午와 壬子는 홍염紅艶이라 해서 대개 미모美貌와 센스를 타고나며 이성異性으로부터 인기人氣가 많고 자칫 대개 외정外情이 두려운 지경에 이르기도 합니다. 현침懸針이 겹쳐 배우자궁에 근심이 서리고, 다정多情이 병病이라, 내 것 주고도 좋은 소리를 듣지 못할 때가 종종 있습니다. 甲午와 庚子는 상관사궁傷官死宮으로 이 사람은 외견外見이 고고孤高하고 도도하며 언행이 일치하지 않는 경우가 더

러 있습니다. 여명女命에는 남편을 추방한다는 뜻이 담겨있어 심할 경우 상부喪夫하게 되고 독수공방獨守空房을 면키 어렵습니다.

甲申日은 절지絶地로 申中壬水가 장생長生이라 살인상생殺印相生의 기미가 있습니다. '나무를 타는 원숭이'는 다재다능多才多能하고 모사謀事를 즐기므로 조화造化가 무궁한 가운데 인인성사人因成事의 보람을 만끽합니다. 반면 나무에서 떨어지는 수가 있으니 인인실패人因失敗를 경험하기도 하는데, 인내忍耐와 일관성一貫性이 성공의 비결秘訣이라 할 수 있습니다. 金木이 상쟁相爭하니 두통頭痛 내지 간肝이나 척추 계통에 질환疾患의 우려가 있습니다. 부부夫婦가 다투는 상象이니 남자男子는 악처惡妻로 고심하고 경청내어傾聽內語하지 않고서는 별다른 뾰족한 수가 없으며, 여성 또한 뜻을 굽히지 않으므로 남편의 학대에도 순응順應하지 않습니다.

甲戌日은 양지養地로 재관財官이 투透하면 길吉하지만, 丁火가 투透하면 좋지 않습니다. 丙寅時면 비관飛官하여 귀貴합니다. 乙木은 묘墓가 되어 기피하고, 甲木을 보면 분록分祿합니다. 독산고목禿山枯木으로 이 사람은 홀로 우뚝 서서 지도자指導者의 기상氣象을 나타내고, 창고倉庫에 목재木材를 쌓는 상象이라 이재理財에 밝으니 실업實業을 일으켜 예사롭지 않은 성취를 볼 수 있습니다. 戊中辛金이 있어 철쇄개금鐵鎖開金이라 하는데, 이것은 언중유골言中有骨인 동시에 의약계醫藥界나 활인업活人業 등에 인연因緣이 있음을 암시합니다. 甲과 辛의 현침懸針이 있어 여성은 유산遺産, 낙태落胎 등의 산액産厄을 면키 어렵습니다.

2. 乙木

乙丑衰	乙卯祿	乙巳浴	乙未養	乙酉絶	乙亥死

乙丑日은 쇠지衰地로 '진흙 속에서 피어난 연꽃의 상象'으로 목적目的을 향한 상당한 인내심忍耐心이 있습니다. 간지干支에서 乙. 己. 巳. 丑과 같이 꺾어 쓰는 글자는 곡각曲脚이라 하는데, 이것은 사고事故로 수족手足을 다치거나 배우자配偶者의 신상身上에 수술수手術數를 피하기 어려움을 암시합니다. 丑土에는 辛

金이라는 칼을 두었으니, 이 사람은 검경계檢警界나 군인軍人, 외과의外科醫, 정육점精肉店 등의 직업과 인연因緣을 맺을 때가 많고, 초지일관初志一貫하여 끝내는 부자富者가 되고 출세出世하는 경우가 많습니다. 쇠衰는 행정기술行政技術의 별로 글씨도 잘 쓰고 꼼꼼하여 두뇌기술, 학문, 연구, 교사, 회사원, 공무원 등 봉급생활이 적합하고 자영自營이나 투기投機에는 맞지 않으며 종교宗教와도 관련이 깊습니다.

乙卯日은 건록建祿으로 庚辰時면 매우 좋습니다. 맹아萌芽의 상의象意는 부드러움과 근기根氣를 동시에 포괄하는 것으로, 외유내강外柔內剛의 전형이라 할 만합니다. 초목草木은 언뜻 연약해 보이나 태풍颱風에도 넘어가는 일이 없습니다. 은근한 끈기와 상당한 고집固執이 있습니다. 이런 사람은 대개 밖에서는 다정多情하나 집안에서는 무정無情할 때가 많습니다. 처덕妻德은 있으나 처궁妻宮이 약해 해로偕老하기 어렵고, 자의字意로 보면 색정色情이 강해 음욕淫慾이 동動할 때가 있습니다. 여성은 대개 인물人物과 몸매가 좋으며, 인정人情이 많으면서도 독毒한 기질氣質이 있습니다. 너무 똑똑해서 탈이라는 말을 듣기도 하며, 활동적

活動的입니다.

乙巳日은 욕지浴地로 이곳에서 재관財官이 생生하니 몸가짐에 절도가 있고 용모容貌가 준수하여 귀한 대접을 받습니다. '새를 입에 문 뱀'은 구변口辯이 청산유수青山流水와 같습니다. 乙木이 뱀, 巳火를 타고 앉았으니, 마치 가지 많은 나무에 바람이 잘 날 없듯 평생平生 분주奔走하고 안정安定되지 않아 주거住居가 불안한 특징이 있습니다. 이 사람은 대략 언행言行이 가볍고 변화가 많아 한 우물을 파지 못하는 단점이 있습니다. 만약 팔자八字의 태세太歲가 신해辛亥나 신미辛未에 해당하면 '땅꾼에게 잡힌 뱀'의 모습이 되어 진대패眞大敗가 되니 횡액橫厄을 당할 염려가 깊습니다.

乙未日 양지養地는 식재食財가 동궁同宮에 임臨하여 건명乾命은 장모丈母를 봉양奉養하는 경우가 많습니다. '대지 위의 초목草木'과 같아 발전하는 형상입니다. 한편으로는 '사막砂漠의 선인장' 같은 모습으로 삶이 녹록치 않음을 뜻하기도 합니다. 乙巳와 乙未, 그리고 己巳는 따로 신병身病이라 하여 늘 몸이 아픈 현상을 겪기 쉽습니다. 이 사람은 대개 이재理財에 밝아 축재蓄財하고 상속相續의 수혜를 입기도 합니다. 팔자

八字에 수기水氣가 부족하면 일찍 흰머리가 나거나 목이 타는 인후병咽喉病 등으로 고생하는 수가 있습니다. 백호白虎는 배우자의 지병持病이나 우환憂患을 암시하는 성분입니다.

乙酉日 절지絶地는 의약醫藥, 도살屠殺, 침술鍼術 계통과 유관합니다. '바위틈을 뚫고 자라는 화초花草'는 언뜻 가냘프게 보이지만 속으로 대단히 날카롭고 끈질기며 냉혹한 기질을 품고 있습니다. 절처봉생絶處逢生이 바로 이런 것입니다. 외견外見은 부드럽고 보기에 좋아 대개 미모美貌를 지니며, 내면內面은 금기金氣를 띠어 권위적權威的입니다. 대체로 의리義理가 있으며 한번 결심하면 매진하는 속성이 있습니다. 편두통偏頭痛을 앓기 쉽고 간肝, 비장脾臟 등이 약하며 치아齒牙도 부실하기 쉬운데, 몸에 큰 수술자국이나 흉터가 있으면 이른바 액땜을 한 셈이 됩니다. 이전최화利剪摧花의 상象은 한마디로 좌불안석坐不安席의 심경이 되기 쉬움을 암시하고 '곡물과 닭'은 영기靈氣를 띠므로 예감이 잘 맞고 직관이 뛰어납니다.

乙亥日은 사지死地로 '바다 위를 떠다니는 나무 조각'의 모습이니 외국外國 생활을 하기도 하며 이민移

民을 가는 경우도 더러 있습니다. 화초花草가 흙을 보지 못하니 종내 '뿌리가 썩어 나무가 죽는 형상形象'이 되므로 대개 분주한 삶을 살아갑니다만 일정한 거처居處를 마련하지 못하고 떠돌기 쉽습니다. 수경水耕작물과 같이 인성人性은 담백하고 정情이 많으나 타지他地에서 공방수空房數가 있습니다. 팔자八字에 戌과 亥가 있으면 천문天門이라 해서 철학哲學에 관심을 두고 소질素質을 보일 때가 많은데, 이 사람은 사물事物에 대해 예민銳敏하고, 머리에 번득이는 신묘神妙한 생각이 있습니다. 무릇 사死의 특징이 그러한 것입니다.

3. 丙火

丙子胎	丙寅生	丙辰帶	丙午旺	丙申病	丙戌墓

丙子日 태지胎地는 '햇빛이 호수를 비추는 격'으로 화창和暢한 기색氣色이 돌고 밝고 명랑한 사람들이 많습니다. 그러나 외양내음外陽內陰이라 속으로는 시름

이 있습니다. 정해丁亥와 병자丙子는 음양陰陽의 표리表裏 관계關係로 일종의 영기靈氣가 서리는데, 스스로 마음을 다스릴 줄 알고 성급性急하며 날카로우나 뒤끝은 없습니다. 보통 화려華麗한 장식품과 보석류를 좋아해서 고가高價의 사치품奢侈品도 망설이지 않고 구매하는 성향이 있는데 이것은 子水에서 생生한 辛金과 합合하려는 욕浴의 운기運氣를 품기 때문입니다. 이 사람은 이상理想과 자존심自尊心이 높은 반면 체념滯念도 빠른 특징이 있습니다. 그것이 태胎의 한계입니다.

丙寅日은 장생長生으로 辛卯時에 나면 귀명貴命입니다. '나무에 햇볕이 드는 상象'이니 진취적進取的이고 목화통명木火通明으로 학구열學究熱이 식지 않습니다. 이 사람은 지성知性이 돋보이고 교육계敎育界로 진로를 정하면 이름을 얻고 길吉합니다. 역마驛馬가 동動하면 먼 곳에 스승을 두고 열심히 오가는 편입니다. 얼핏 '성이 난 범'으로 비칠 만큼 명예욕名譽慾이 많고, 겉으로는 강한 수완가手腕家 형型이지만 안으로는 동정심이 많고 종종 침착성沈着性을 잃고 경솔한 언행言行으로 손해를 볼 때가 있습니다. 고혈압高血壓이나 울화병을 주의할 필요가 있습니다.

丙午日은 제왕帝旺이요, 일인日刃으로 충沖을 두려워하지 않으나 재충再沖하여 왕旺이 쇠자발衰者拔하는 현상으로 나타나면 두렵지 않을 수가 없습니다. '정오正午의 태양太陽'이니 가장 높은 자리에 있는 모양인데, 이것은 자아自我가 강强하고 독존적獨尊的인 성향性向을 나타냅니다. 이 사람은 염상지상炎上之象으로 대략 호탕하고 쾌활한데, '한참 내달리는 말'과 같아 앞으로 나아갈 줄만 알고 물러서지 않는 태도를 보일 때가 많습니다. 午火는 음양陰陽이 교차交叉하는 문門이라 대개 상대相對의 마음을 깊이 헤아리는 품성을 갖추고 대인관계에 능수능란能手能爛합니다. 만약 팔자八字에 화세火勢가 지나치게 강하여 조후調候를 잃으면 폭군暴君의 기질氣質이 드러납니다. 곤명坤命은 차라리 독신獨身이 제격이라 했을 정도니, 부덕夫德은 기대에 미치기 어렵고 여장부女丈夫 몫을 단단히 할 때가 많습니다.

丙申日은 병지病地로 임수당령壬水當令이면 월령月令에 유근有根해야 길吉합니다. '석양夕陽에 노을이 지는 모습'이니 변하기를 잘 하고 호화롭고 화려한 것을 좋아하며 미식美食을 즐깁니다. 申은 火의 역마驛馬이므로 움직여 발전을 도모합니다. 이 사람은 때때로 신경질적이 되기도 하지만 사색적이고 여간해서 속내를 드러내지 않는 예의가 있습니다. 의리義理가 있고 동정심同情心이 많습니다. '불이 쇠를 녹여 기물器物을 만드는 상象'이니 재능才能이 많아 오히려 한 곳에 집중하거나. 안주하지 못하는 불안정한 상황을 연출하기 쉽습니다. 丙日에 申金 재財는 문창재성文昌星財라 금속金屬에 문자文字를 새기는 직업職業과 인연이 있습니다. 그래서인지 모방模倣에 일가견一家見이 있습니다. 건명乾命은 재관동림財官同臨으로 총각득자總角得子 혹은 외방外房에 자식子息을 두기 쉽고, 여성女性은 대개 내조內助가 훌륭합니다.

丙戌日은 묘지墓地인데 일락서산日落西山에 백호白虎가 겹치니 본인本人이나 배우자配偶者의 身上에 횡래지액橫來之厄이 닥칠 우려가 있습니다. 여성은 자식子息 하나의 불구不具를 면하기 어렵다고 했습니다. '개가 짖기 시작하는 때'로 책임감이 강하고 희로애락喜怒哀樂의 감정感情 표출이 선명하며, 기복起伏이 있는데 극단적인 기질이 있어 소위 독종毒種이라는 말을 듣기도 합니다. 일점 수기水氣가 없어 편고偏枯하므로 외유내허外柔內虛의 상象이라 할 수 있으니 무골호인無骨好人으로 평해질 때가 많습니다. '태양太陽이 서산西山에 갇힌 상象'이니 스스로 좋은 인연因緣을 물리치고 고독孤獨한 길을 택하며 하는 일에 막힘이 많음을 실감實感하고 열심히 기도祈禱하는 사람들이 많습니다.

4. 丁火

丁丑墓	丁卯病	丁巳旺	丁未帶	丁酉生	丁亥胎

丁丑日은 묘지墓地인데 丑에서는 식관食官이 쇠묘衰墓하여 곤명坤命은 남편과 자식의 덕德을 기대하기 어렵습니다. '한낮의 소'는 평생平生 일복이 많으므로 놀고먹을 팔자八字가 못됩니다. 천성天性이 화로火爐와 같아 기물器物을 만들어 내니 예술적藝術的인 재능才能이 있고 또한 등잔燈盞이니 불을 밝혀 누구에게나

사랑 받고 존경받기를 희망希望합니다. 이 사람은 민감敏感하고 직감直感으로 느끼며 인기人氣를 독점하려는 질투심嫉妬心과 자존심自尊心이 남다릅니다. '땅으로 빛을 흡수吸收하는 격'이니 한없는 욕심慾心에 원없이 재물을 희롱戱弄해 보기도 합니다. 백호白虎는 평소에 인정이 많고 사리事理가 분명하다가도, 일단 화가 나면 시비是非를 가리지 못하고 과격過激한 기질氣質을 드러내는 작용력을 암시합니다. 형충운刑沖運에 음간陰干은 대개 파상破傷되므로 해당 육친六親과 분리分離될 가능성이 높습니다.

丁卯日 병지病地는 재관財官이 쇠약衰弱한 자리로 甲木이 당령當令해야 길吉하며 己酉時일 경우 생生을 얻어 총명과인總名過人에 재복財福이 넘칩니다. '달 속 토끼'는 가깝고 정겨운 이미지로 이 사람은 인정이 많고 명석하지만 한편으로는 질투嫉妬가 심한 다변적인 성품을 지닌 경우가 많습니다. 분주하고 변화가 많지만 대개 지구력이 강하지 않으므로 용두사미龍頭蛇尾의 결과를 보기 쉽습니다. 참모參謀가 제격이고, 자성일가自成一家는 어렵습니다. 어떤 옷을 입어도 잘 어울리는 멋과 센스를 타고나며, 색정色情이 강해 여러

이성異性과 교제하지만 끝내는 헤어져 혼자로 남을 때가 많습니다. 비뇨기泌尿器 계통이나 특히 안질眼疾에 유의해야 합니다. 눈에 이상이 생기면 심장心臟과 마음의 병病을 얻기 쉽습니다.

丁巳日 왕지旺地에서 양관陽官은 절지絶地에 드니 대개 부부연夫婦緣은 박薄하고 특히 곤명坤命은 더욱 그러합니다. 丁巳, 己巳, 癸亥는 음인陰刃으로 불화손재不和損財하고, 내심 고통이 따른다고 했는데 이 사람은 성격性格이 불과 같고 고집固執이 대단하여 급急하기가 번개 같으니 화를 잘 내나 뒤끝은 없습니다. 만월滿月, 보름달의 모습이니 솔직담백하고 명랑, 화치華侈한데, 남의 비밀을 지켜주지 못하는 것이 흠欠이기도 합니다. 이것은 상관傷官이 巳에서 생生하기 때문입니다. 남의 밑에서 종사하기를 꺼려하는 바는 우두머리 격이기 때문입니다. 여성도 재財에 대한 욕구欲求가 강强하고 대체로 재복財福을 누리며 사회활동社會活動을 하는 경우가 많습니다. 간여지동干與支同으로 부부간夫婦間에 성격 차이와 의견 대립이 심해 불화를 야기하기 쉬우므로 보통 만혼晩婚이 좋습니다.

丁未日은 관대冠帶로 '전봇대 위로 솟은 달'이니 앞

길을 밝히는 역할로 유쾌하고 활발活潑하며 희생심犧牲心이 있어 곧잘 베푸는 성품을 지닙니다. 丁未는 자의字意로 볼 때 '짊어서 끌어 모으는 모습'으로 소유욕所有慾과 독립심獨立心이 강합니다. 그래서인지 이 사람은 돈을 자신自身이 직접 관리하며 여간해서 제 몫을 빼앗기는 법이 없습니다. 미未는 현침懸針으로 기예技藝 방면으로 소질이 있습니다. 대帶는 정신적으로는 미완未完의 상태로 화가 나면 폭악暴惡한 기질氣質을 드러내기도 하는데 이것은 대帶의 독존적獨尊的 성향에 기인하는 것입니다. 戊午와 丁未는 정력精力이 절륜絶倫하여 첩妾을 두게 되고, 여성은 알뜰하나 고갈지상枯渴之象으로 기박奇薄할 때가 많습니다.

丁酉日은 장생長生으로 명월지상明月之象에 일귀日貴니 마음이 순진하고 천진스러워 호감을 사게 됩니다. '달밤의 닭'은 예리銳利하고 민첩합니다. 한 마디로 호명好命이 되기 쉬우며 어려움을 당했을 때 항상 주위로부터 도움을 받게 되고 금전에 구애를 받는 일이 별로 없습니다. 이 사람이 해시亥時에 태어나면 야귀夜貴에 양귀兩貴로 미모美貌와 길함이 배가 됩니다. 丁火는 부드러우나, 酉金은 날카로우니 내심 일도양단

一刀兩斷하는 속성도 있습니다. 좋은 배우자를 맞이하는 암시가 있어 부부연夫婦緣은 대개 길연吉緣으로 작용합니다. 丁日에 辛酉, 금재金財는 귀금속貴金屬, 정밀부속精密附屬, 인쇄印刷, 인장印章, 복사複寫 등의 업종과 연계되는데 관련 분야에서 득재得財하는 경우가 많습니다.

丁亥日 태지胎地는 일귀日貴이자, 이곳에는 壬水 관官의 건록建祿이 좌坐하므로 좋은 배우자와 인연이 있습니다. '달이 호수에 비치는 격'이니 사람의 마음을 읽어내는 명석明晳함이 두드러집니다. 그래서인지 법조계法曹界 방면에 종사하는 위인들이 많습니다. 화향火鄕의 주작朱雀은 언변에 능하며, 그릇된 생각을 버리고 올바른 도리道理를 행하려는 기상이 있습니다. 丁酉, 丁亥. 癸巳, 癸卯는 일귀日貴라 하여 사람됨이 순수하고 용모가 단정하며 오만傲慢하지 않아 복록福祿과 배우자의 덕德이 두터운 경향이 있습니다. 여성은 자태姿態가 아름다우며 자상하고 간혹 애정愛情문제로 인해 근심이 서리기도 합니다.

5. 戊土

戊子胎	戊寅生	戊辰帶	戊午旺	戊申病	戊戌墓

戊子日은 태지胎地로 천지덕합天地合德하니 위인이 총명하고 재복財福이 있습니다. '흙과 물이 배합配合되어 합작된 상象으로 보수적인 성향을 띠며, 암암리暗暗裡리에 화기火氣를 띠는데 이것은 모정母情을 애타게 그리는 성향으로 나타나기 쉽습니다. 일견 완고頑固한 듯해도 태지胎地로 박력迫力은 약弱해 거부巨富를 이루기는 어렵습니다. 비재飛財로 미인이 잘 따르고 수완手腕이 좋습니다. 여자는 팔방미인八方美人에 현모양처賢母良妻 감이지만 戊子를 무자無子라 할 정도로 자식子息과의 인연은 엷습니다. 화기火氣가 식상食傷 금기金氣를 제制하고, 합合하여 생生의 본분을 잃기 때문입니다. 그래서인지 타자양육他子養育하는 경우도 있으며 대개 눈물이 많습니다.

戊寅日 장생長生은 재식財食이 없어도 부명富命이

많습니다. 이것은 재財를 비합飛合하는 힘이 강하기 때문입니다. 산 호랑이의 용맹勇猛은 자신의 힘을 믿고 과시誇示하는 양상으로 나타나기 쉽습니다. 대체로 신상身上의 변동변화變動變化가 심한 편으로 원행遠行하는 일이 잦으며 이로 인한 공방수空房數는 필연인데 역마驛馬가 작용하기 때문입니다. 이 사람은 욕심慾心이 많고 개척심開拓心이 강하며 관록官祿이 두텁고 만인萬人의 지도자指導者로 부상浮上하는 사람이 많습니다. 글자에 음기陰氣가 전혀 없어 '산에 비가 오지 않는 형상'이라 한번 꺾이면 걷잡을 수 없이 허물어지는 수가 있고, 배우자配偶者와 불화를 면키 어려우며 자칫 여난女難을 겪을 수 있습니다. 여성은 강제强制로 결혼하게 되거나 인부신음因夫呻吟하는 수가 있습니다.

戊辰日 관대冠帶는 재관財官을 비출飛出하여 쓰므로 길명吉命이 많은 데 대帶는 정신精神의 미완未完으로 배려심이 부족하여 주변에 적을 만들기 쉽습니다. '태산 속의 진흙'이니 근심과 비밀秘密, 원망怨望의 기운氣運이 서려있습니다. 때로 노기怒氣를 드러내고 초조해하거나 불안감을 지니고 있을 때가 많습니다. 겉으

로는 헐벗은 산의 모습이므로 때를 기다려야 하고, 고통苦痛과 시련을 거친 다음에는 위용이 서린 건축물建築物의 상象이 되어 당당해지고 위세가 등등해집니다. 이 사람은 대략 우직하고 고집이 있으며 신용이 있습니다. 甲辰. 乙未. 丙戌. 丁丑. 戊辰. 壬戌. 癸丑 이상의 일곱 간지干支는 白虎라 해서 육친六親의 혈광지사血光之事를 언급할 만큼 흉포凶暴한 의미를 담고 있는데, 부처궁夫妻宮에 화액禍厄이 닥칠 공산이 큽니다.

戊午日은 왕지旺地에 일인日刃인데 丙午와 달리 형충刑沖을 기피합니다. 戊가 癸를 보면 합화合化하기 때문인데 戊午와 壬子는 그 처妻가 낭비浪費하는 경향이 강합니다. 화산火山은 유아독존唯我獨尊의 만심慢心을 품을 때가 있고, 대개 완고하며 융통성은 없는 편입니다. 未土를 합合하여 대개 불사佛事에 깊은 관심을 두고, 육친六親이 희소稀少하여 고독하며, 그래서인지 신앙심信仰心이 깊은 편입니다. 매사에 꼼꼼하고, 글씨나 그림에 소질이 있으며, 외견은 군자君子지만 앉은 자리가 뜨거워 불안정한 기운氣運이 서립니다. 활화活火하면 용溶이 나타나니, 성욕性慾이 강强하여 독신獨身이 힘들고, 대개 미남미녀美男美女와 연緣을 맺기 쉽습니다. 서書에 이르길 병자丙子와 무오戊午는 음양陰陽이라 해서 음사淫事를 즐기는 경우가 많다 했습니다.

戊申日은 쇠지衰地인데 식재食財가 유기有氣하여 부명富命이 많습니다. 광산鑛山』이자 천주天廚로 이 사람은 대략 복록福祿이 두텁고 행운이 따르는 편입니다. 경經에 이르길 丙申, 丁未, 戊申, 己未, 壬寅, 癸丑은 암록暗祿이라 해서 재물財物에 궁窮함이 없고 숨은 은덕恩德이 있다고 했습니다. 건명乾命은 현처賢妻를 맞이하여 처덕妻德이 두텁고 애정이 좋으며 부모의 유업遺業을 이어받는 것도 순탄합니다. 여성도 또한 식록食祿이 여의하며 활동活動하게 되면 치부致富하는 경우가 많습니다. 그러나 추산秋山과 서산西山에는 쓸쓸한 기운氣運이 감도니 남편의 외유外遊나 외도外道 등의 연유로 독수공방獨守空房하는 일이 잦습니다. 요통腰痛이나 담석膽石, 요석尿石 등의 결석結石으로 편치 않을 수가 있습니다.

戊戌日은 묘지墓地로 괴강魁罡인데 상관대궁傷官帶宮이니 이 사람은 대개 완고頑固하며 책임 의식이 강하고 행동行動이나 마음의 시비是非가 분명합니다. 고산高山으로 천문天門이 들어 높은 차원에서 생각하고 종종 속진俗塵을 떠날 생각을 합니다. 자상字象으로 창, 과戈의 글자가 두개로 겹치니 과살戈殺이라 하는데, 戊戌이 日時에 있으면 몸에 큰 흉터를 지니게 된다는 암시가 있어 중상重傷이나 중병重病 등으로 인한 수술手術을 받을 때가 많습니다. '개에게 물리고 몸에 칼이 들어오는 모습'이니 활인活人으로 액厄을 면免해야 하고 그래서인지 가정家庭보다 종교宗敎에 더 관심을 기울이는 사람들이 많습니다.

6. 己土

己丑墓	己卯病	己巳旺	己未帶	己酉生	己亥胎

己丑日 묘지墓地는 '논밭을 가는 소'와 같고 식재食財가 유기有氣하여 근면勤勉하며 평생 궁핍窮乏을 경험하는 일이 드뭅니다. 심지心地가 강직剛直하여 홀로 독행獨行하는 성질이 있으며, 음기陰氣가 강强해 인정

이 많습니다. 음토陰土는 인품에 고지식한 면이 있는 가운데 뒤는 무른 특성特性이 있고, 모성母性을 상징하여 종교宗教, 신앙信仰 등에 관심을 기울입니다. 곡각曲脚으로 수족手足에 이상異常이 나타나기 쉬우며, 신경계神經系의 질환疾患을 유의해야 합니다. 음토濕土를 일구면 자연 비습肥濕해지므로 여성女性은 성교시性交時에 우는 현상이 나타나고, 간여지동干與支同으로 공방수空房數가 있습니다. 서書에 이르길, 丑中辛金은 불생육자不生育子라 했는데, 이것은 金의 입묘지入墓地이기 때문입니다.

己卯日 병지病地는 甲木이 당령當令한 즉 관계官界에서 입지하는 자가 많고, 乙木이 투透하면 신환身患이나 요절夭折하는 경우가 있습니다. 들 토끼는 민첩敏捷하고 분방奔放한 기질氣質이 나타납니다. 甲子, 甲午, 己卯, 己酉는 진신進神이라 해서 예속되기를 거부拒否하고 자기가 하고 싶은 대로 행동하여 유랑流浪하는 때가 있습니다. 곡각曲脚과 현침懸針이 겹쳤으니 타인他人을 위해 적덕積德해야 좋은데, 권력權力계통이나 의약업醫藥業, 활인活人 분야에서 활약하는 사람들이 적지 않습니다. 대개 처궁妻宮에 근심이 서리므

로 병약病弱한 아내 혹은 악처惡妻를 두는 수가 있으며, 여성도 재가할 가능성이 높습니다. 위병胃病을 조심해야 합니다.

己巳日 왕지旺地는 '뱀이 기어가다 머리를 세운 모습'이라 활동력 면에서 탁월합니다. 丁巳와 己巳, 癸亥는 비록 겉으로는 음陰이나 내성內性이 양왕陽旺하여 음인陰刃이라 하는데, 고집불통固執不通, 불요불굴不撓不屈의 의지를 갖고 확신에 차있는 사람들이 많습니다. 종종 독선獨善으로 흘러 약점이 되기도 합니다. 황사黃蛇는 조화가 비상하고 항시 분주다사奔走多事하며 변신에 능합니다. 옛말에 乙巳, 乙未, 己巳가 있으면 신병身病을 앓는다고 했으니 건강에 유의해야 합니다. 유지하기가 어렵습니다. 巳中庚金은 상관생궁傷官生宮으로 불의不義와 타협妥協하는 속성이 내재되어 있는데, 일신에 형액刑厄이 침범侵犯할 우려가 깊습니다.

己未日 관대지冠帶地는 '전답田畓이 메마른 상象'으로 이 사람은 한번 감정感情이 격해지면 앞뒤를 재지 않고 울분鬱憤을 터트려 나중에 번민煩悶하는 경우가 많습니다. 대帶의 일반적인 경향이 그러합니다. 未, 현침懸針은 활인活人의 기氣를 띠어 종교宗敎를 가까이

하며, 일생 일복이 많아 분주奔走하고, 자신의 일보다 남의 일에 더 많은 신경을 쓰기도 합니다. 암록暗祿으로 재물財物의 궁窮함은 찾아보기 힘듭니다. 밖에서는 무골호인無骨好人이나 집에서는 무뚝뚝하고, 간혹 흉포凶暴한 기질을 드러내며, 외입外入을 잘 합니다. 처궁妻宮에 액厄이 있어 이별離別하는 수가 있습니다. 여성도 부덕夫德을 기대期待하기 어렵고, 바깥에서 활동活動하며 신앙생활信仰生活에 충실한 경우가 많습니다.

己酉日은 생지生地로 식신食神이 장생長生하니 문창식신文昌食神으로 학문學文을 즐기고, 금속金屬에 문각文刻한다 했습니다. '가을걷이철의 들판'으로 먹을 것이 많을 때인데, 이곳을 뛰어 다니는 닭은 분주奔走하고 식록食祿이 두터운 것입니다. '철근鐵筋으로 지은 튼튼한 건물의 상象'으로 이 사람은 기억력이 뛰어나고 비상非常한 두뇌를 지녀 학업이 우수한 사람이 많습니다. 己土의 모성母性을 지녀 성품은 후덕한 가운데 내면內面에는 酉金이 작동하여 냉철冷徹한 기운이 감돕니다. 남자는 보통 미색美色과 인연을 맺으며 색탐色貪하는 경향이 있는데 酉는 재財의 욕지浴地이기 때문입니다. 여성은 내조內助를 잘 하는 유형이나 부덕夫德이 두텁지 않아 한동안 침울沈鬱해질 때가 있고 자식子息에게만 애정을 쏟는 경우가 많습니다.

己亥日은 태지胎地로 재관財官이 유기有氣하여 길명吉命이 많습니다. 이 사람은 대체로 재복財福은 따르는 편으로 돈을 잘 쓰는 편입니다. 사상思想이 건전健全하나 내심 비밀秘密이 있는 편이고 여행旅行을 좋아합니다. 비습比濕한 토양土壤은 일견 명랑해도 속으로는 소심하고 사람을 기피忌避하는 우울증憂鬱症을 보일 때가 더러 있습니다. 하는 일이 신통하지 않으면 스스로 작파作破하는 충동적인 기질도 있는데, 타니대수陀泥帶水와 같은 불안한 구조이기 때문입니다. 몸이 '그물, 해망亥網에 묶인 상象'으로 형액수刑厄數가 동動하기도 하며 배우자의 부정을 보는 경우가 있고, 여자는 그 남편이 형刑을 당한다는 암시가 강합니다.

7. 庚金

庚子死	庚寅絶	庚辰帶	庚午浴	庚申祿	庚戌衰

庚子日은 사지死地로 침금지상沈金之象이니 이 사람은 외화내빈外華內貧하기 쉽습니다. 겉은 견고堅固하고 화려華麗할지언정 내면內面은 늘 고독孤獨한 기운氣運을 감돌게 됩니다. 쥐가 곡장穀倉이 아닌 계곡溪谷에 있으니, 유시무종有始無終의 결과를 보는 경우가 많습니다. 재財가 욕浴에 들었으니 실증이나 권태를 빨리 느끼는 형으로 뇌봉뇌별雷逢雷別한다 했으니 후할 때는 한 없이 후하지만, 인색吝嗇할 때는 더없이 인색하게 굽니다. 이 사람은 시비是非를 가리는 예리한 비판력批判力을 지녔으며, 의리義理와 청백淸白한 면에 있어서는 높이 살만 합니다. 상관사궁傷官死宮이라 하극상下剋上의 기질氣質이 있으며, 이박耳薄으로 정이 많아 보증保證 등으로 손해損害를 볼 때가 더러 있습니다.

庚寅日은 절지絶地로 절처봉생絶處逢生하니 초곤初困이나 만년晩年에는 길명吉命인 경우가 많습니다. 백호白虎는 활발 강직하며 경쟁에서 지는 것을 싫어하고 독보獨步하므로 이기심利己心과 독선獨善으로 인해 진실한 유대紐帶 관계는 잘 이루어지지 않습니다. 새벽의 별은 곧 빛을 잃게 되므로 용기와 위세가 지나치면 실패失敗를 자초自招하게 되고 변화가 잦으며 파란波蘭을 예고합니다. 해외출입海外出入이나 이사移徙하는 일이 많으며, 이 사람은 대략 영리營利하고 수리數理에 밝습니다. 戊戌과 庚寅은 뇌공타뇌관雷公打腦關이라 해서 자칫 '칼 맞은 범'이 될 수 있으니 교통사고交通事故나 벼락, 전기電氣, 가스, 화재火災 등으로 인한 사고를 조심해야 합니다.

庚辰日은 양지養地로 이 사람은 눈치와 재치才致가 있어 사물事物의 처리處理가 빠르고 바로 인정認定을 받지만, 쉽게 좌절挫折하는 경우가 있어 운運이 하강하면 걷잡을 수 없이 내리막을 타기도 합니다. 양養은 대개 육친六親과 별거別居내지 이별離別하는 경우로 나타날 때가 많습니다. 辰과 戌은 천하天河의 강罡과 괴魁로 괴강魁罡에서는 음양陰陽이 절멸絶滅하는 곳이라 했는데 壬辰과 戊戌은 자고自庫에 재財의 쇠지衰地가 되며 庚辰과 庚戌은 辛金과 乙木, 재財의 묘지墓地로 모두 배성配星과는 좋은 관계를 이루지 못합니다. 그래서인지 괴강魁罡은 부부夫婦가 참다운 화합和合을 이루기 어렵다 했습니다. 대개 용색容色이 아름답고, 총명聰明하여 강기剛氣를 드러낸다고 했는데 이것은 살상殺傷이나 辛金의 대궁帶宮에 기인합니다.

庚午日은 욕패敗浴로 신약身弱하면 우환憂患이 많습니다. 백마白馬는 순수와 고귀함의 상징인데, 속진俗塵에서는 원대한 이상理想이 잘 통하지 않습니다. 대개 개방적이고 외향적外向的이라 바깥에서는 인정을 받지만, 가정家庭은 등한시하는 경향이 있습니다. '말이 서쪽 하늘을 바라보는 모습'이라 이 사람은 한가한 중에 엉뚱한 생각을 곧잘 하는 편입니다. 오마午馬의 자의字意대로 활동적이고 여행과 주색을 즐기는 성향이 나타납니다. 이것은 또한 식신食神이 태지胎地에 놓이기 때문입니다. 여명女命에 午火 불침은 하혈下血을 암시하기도 합니다. 子午가 충沖이 되면 사死와 욕浴의 물상物象이 포착되므로 불리한 의미를 지닙니다.

庚申日은 건록建祿으로 식신食神이 장생長生하니 壬水가 투透하면 한유寒儒일 경우가 많습니다. 은성銀星은 자존심自尊心에 상처를 입는 것을 용납지 않고, 임사즉결臨事卽決하며, 한번 방향이 정해지면 틀려도 밀고 나갑니다. 庚申의 특징은 적극積極, 능수능란能手能爛, 임기응변臨機應變, 완벽주의完壁主義 등으로 요약할 수 있습니다. 의협심義俠心이 강해 약자의 편에 들어 손해를 보기도 하고, 혁신적인 기질을 함유합니다. 부부궁夫婦宮은 대개 불미하여 처를 고생시키거나 이별하는 아픔이 있고, 곤명坤命이라도 권세權勢를 누려야 제격이므로 사회적으로 큰 인물들이 많습니다. 이 사람은 손재損財와 상신수傷身數를 평생 조심해야 합니다.

庚戌日 쇠지衰地는 괴강魁罡인데, 서書에 이르길 "庚辰庚戌 이삼중첩二三重疊하면 괴강격魁罡格으로 호걸豪傑이요, 양명정치사도揚名政治使徒라" 했습니다. 쇠衰하나 신겁辛劫이 대지帶地로 '모습을 드러낸 금광金鑛'과 같으니 강맹强猛한 심정으로 한 번 결정하면 적극적으로 임해 기어이 성과成果를 내는 저력이 있습니다. 술戌의 천문天門 속에는 辛金과 丁火가 배합되어 있으니 종교성宗敎星인 동시에 공업성工業星으로 기술技術 계통이나 활인活人 분야에서 활동하고 성공하는 예가 많습니다. 한편 '바위에 치인 개의 상象'이 나타나면 구설口舌과 송사訟事, 형액刑厄 등의 화禍를 당할 수 있으므로 조심해야 합니다. 곤명坤命은 가히 여걸女傑로 남성들의 심리心理와 활용 면에서 일가견을 지니는데 이것은 관官을 양육養育하기 때문입니다.

8. 辛金

辛丑養	辛卯絶	辛巳死	辛未衰	辛酉祿	辛亥浴

辛丑日은 양지養地로 丑에는 辛金이 내장되어 이 글자는 쌍신双辛이 되니, 마치 소뿔과 같아 누군가가 자존심을 건들거나 해치려 하면 몹시 분개하고 복수를 벼릅니다. 철근鐵筋이 촘촘히 짜진 모습은 신용信用이 있고 근면勤勉하여 어려운 일도 반드시 극복해 내는 남다른 근기根氣를 암시합니다. 곡각曲脚과 현침懸針이 겹쳐 배우자궁에 근심이 서리고, 여성은 몇 차례의 낙태落胎를 경험하기 쉽습니다. 이 사람은 흑백黑白이 분명하고 특유의 아집我執이 있으며 때때로 비관悲觀할 때가 있는데, 대개 육친六親이 건전하지 못한 환경環境에서 성장하면서 나타난 성향이라 할 수 있습니다.

辛卯日은 絶地로 백토白兎는 주변을 경계하는 조심성이 지나치게 많아 스스로 불편해지기 쉬우나 성격은 담백하고 재물을 착실히 모으는 편입니다. 자칫 욕심을 품으면 침착성을 잃어 '낫에 베인 풀'처럼 중단수中斷數가 나타나, 일의 진행에 차질을 빚거나 학업을 포기하는 경우가 있습니다. 천지불합天地不合하는 상象이라 풍파風波가 따릅니다. 현침懸針은 활인하고 적덕積德해야 자신과 육친의 신상에 닥칠 화액禍厄을 면하게 됩니다. 이 사람은 대개 기술技術에 소질素質이 있으므로 의사醫師나 기술자技術者, 생산직生産職 등에서 성공하고 인정받을 수 있습니다. 여성은 부군작첩夫君作妾으로 인해 마음고생을 하는 수가 있습니다. 卯는 관官의 욕지浴地이기 때문입니다.

辛巳日은 사지死地로 戊子時면 조양朝陽으로 길격吉格입니다. '금이 불에 녹아 물이 되는 형상'이니 겉으로는 강기剛氣가 나타나도 실제로는 상당히 여린 구석이 있습니다. 이렇게 금기金氣가 무력해지면 폐결핵肺結核이나 호흡기呼吸器, 허리, 치아 등에 통증痛症이 생길 우려가 있습니다. 丙子, 丁亥, 辛巳는 水火가 상조相照하므로 천록天祿이라 했으니, 많은 사람의 도움과 신뢰를 받아 행복한 경우가 많다고 했습니다. 백사白蛇는 영물靈物로 사물事物을 보는 눈이 냉철하고 높은 이상을 품지만 속으로는 엉큼한 기질氣質을 품습니다. 한편 '머리가 찍힌 뱀의 형상'이라 권력權力을 행사하지 않으면 관재官災를 당하거나 사고수事故數가 있습니다.

辛未日은 쇠지衰地인데 건명乾命은 재관동림財官同臨으로 혼전득자婚前得子하기 쉽습니다. '해질 무렵의 양'이니 적적한 기운이 감돌고 육친六親이 소원疏遠한 경우가 많습니다. 또 '밭에 서 있는 허수아비'의 모습과 같아 대체로 순박하고 겸손하며 남의 말을 잘 믿는데, 한번 마음이 틀어지면 끝까지 풀리지 않는 굳게 버티는 성미가 있습니다. 甲申, 甲午, 辛卯, 辛未는 글자의 모양이 예리한 침針과 같아 이를 현침懸이라 하는데 보통 정밀精密한 작업이나 서예書藝 등에 소질을 보일 때가 많습니다. 여자는 정부情夫를 두는 수가 있습니다. 이것은 관官이 입묘入墓하는 곳이 살殺의 양지養地가 되기 때문입니다. 한편 음식 솜씨가 뛰어난데, 특히 글자에서 연상되는 모습대로 적炙, 꼬치나 튀김요리를 잘 만듭니다.

辛酉日은 록지祿地로 내성內性이 차갑고 고지식하며, 소란스러운 것을 기피하고, 평온한 환경을 찾습니다. 사금대沙金袋의 모습으로 석류石榴를 닮았으니, 가

시로 변하는 짧은 가지와 같아 신경이 매우 날카롭고, 번민과 상념에 잠긴 사람들이 많습니다. 乙卯와 辛酉의 고집固執은 꺾기가 어렵습니다. 처덕妻德은 있으나 처궁妻宮이 약해 해로하기 어렵고, 자의字意로 보면 색정色情이 있어 음욕淫慾이 동動할 때가 있습니다. 辛의 욕지浴地는 亥인데 亥가 동動하여 酉와 겹치면 라망羅網의 흉의가 나타나므로 구속, 감금監禁의 우려가 있습니다. 여성은 미모美貌임에도 남편의 사랑을 받지 못해 한限이 맺히며, 쌍신双辛으로 타인他人을 위해 적덕積德해야 신액身厄을 면합니다. 이러한 현상은 丙火 관官이 사궁死宮에 임臨하기 때문입니다.

辛亥日은 욕지浴地로 도세주옥陶洗珠玉에 금여金與를 더하니 이 사람은 피부가 희고 고우며 전체적으로 용모容貌가 아름답고 지혜智慧가 있습니다. 특히 문예文藝 방면에 조예가 깊은 사람들이 많습니다. 대체로 능변能辯에 사리분별事理分別이 정확하고 매사 적응이 빠르며 다정多情하다가도 간혹 냉정한 태도로 돌변 할 때가 있습니다. 종종 승부욕을 드러내며 亥中 甲木의 현침懸針이 더해 반론反論을 제기하는 상대는 적敵으로 규정해 제압하려는 속성이 강렬합니다. 다만 亥水

에는 금기金氣가 없어 辛金이 물에 잠기므로 유시무종有始無終, 자모자패自謀自敗하는 경우가 많습니다. 이것은 곧 욕패浴敗의 특징이라 할 수 있습니다.

9. 壬水

壬子旺	壬寅病	壬辰墓	壬午胎	壬申生	壬戌帶

壬子日은 왕지旺地로 일인日刃이니 충沖을 두려워하지 않습니다. 丙午, 戊午, 壬子는 왕기旺氣를 띠니 안하무인眼下無人하고, 교만驕慢한 처세로 적敵을 만들기 쉬우며, 영웅적英雄的인 기질과 수완으로 속성속패速成速敗하는 가운데 생살대권生殺大權을 쥐기도 합니다. 丙午와 달리 壬子는 비사교적非社交的인 반면 '바다가 만물萬物을 감싸는 형상'과 같이 도량度量이 넓습니다. 천지天地가 물이니 의혹이 많고 사람을 잘 믿지 않습니다. 성업하면 문전성시門前成市요, 패망敗亡하면 사면초과四面楚歌의 비애를 맞보게 되는 것입니

다. 이 사람은 대략 외부내빈外富內貧에 일득삼실一得三失하기 쉽습니다. 홍염紅艶으로 이성에게 인기가 좋으며 곤명坤命 또한 여장부女丈夫로 봉사하는 삶의 유형이 많습니다.

壬寅日 병지病地에는 재관財官이 생生하여 배우자의 덕德이 두터운 편이나, 공망空亡되어 여명女命은 독수공방獨守空房, 수심愁心이 있습니다. '물가에 나타난 호랑이'는 수기水氣가 유동流動하여 지혜智慧와 영감靈感이 뛰어납니다. 戊申, 己酉, 壬寅, 癸卯는 천주天廚라 해서 평생 의식衣食이 풍부합니다. 사람이 많이 따르고 인정人情이 있습니다. 밤 호랑이는 간혹 얕은 꾀를 써서 자신의 이익만을 챙기려는 태도態度를 보일 때가 있습니다. 대체로 이 사람은 큰일을 만나도 태연자약泰然自若하며 부지런해서 여성도 가장家長 역할을 하기 쉽습니다. 대개 노랑老郎 아니면 유랑幼郎과 인연因緣을 맺기 쉬운데, 병지病地로 감정의 잦은 기복으로 우울할 때가 많습니다. 음식飮食 솜씨는 六甲 중에 선두를 다툽니다.

壬辰日 묘지墓地는 괴강魁罡으로 상관대궁傷官帶宮이라 할 말을 참지 못합니다. 壬辰이 겹치면 괴강격魁

罡格으로 길명吉命이나 재관형충財官刑冲을 크게 기피합니다. 수룡水龍은 변화무쌍變化無雙하여 재주가 넘치며 속전속결速戰速決하는 쾌거를 이루지만 물을 벗어나 하늘로 오르지 못하므로 성업成業이 오래가지 않습니다. 속단하여 일을 크게 벌이면 후회하는 일이 많습니다. 이 사람은 대개 인내심忍耐心과 자신감自信感이 강하고 리더십이 있지만, 독선기신獨善其身하므로 화합하지 못해 외화내곤外華內困이 되기 십상입니다. 처덕妻德은 보나 처궁妻宮은 부실하여 해로하기는 쉽지 않고, 곤명坤命은 원래가 과부지상寡婦之象으로 고독孤獨을 실감하게 됩니다.

壬午日은 태지胎地로 록마동향祿馬同鄕에 천지덕합天地合德이라, 재관財官이 유기有氣하므로 보통 길명吉命입니다. '호수湖水에 잠긴 달빛'이라 다정다감多情多感하며 일생을 통해 노력 이외의 복록福祿과 행운行運이 따르는 편입니다. 한편 '어둠과 밝음이 혼재混在된 상象'이니 비밀秘密과 능청스러운 면모를 지니기도 하는데 이 사람은 호색好色하여 간혹 풍파風波를 겪어도 부부夫婦는 길연으로 아름다운 배우자를 사랑해서 이별離別하는 경우는 드뭅니다. 묘운卯運에는 재살財

殺이 패욕敗浴이라 주색酒色으로 인해 패가망신敗家亡身에 이르는 수가 있는데 이때는 마약류痲藥類와 관련될 때가 있습니다. 흑마黑馬는 심신이 분주한 가운데서도 안락함을 희구하며 신체와 관련이 깊은 업종에 종사從事하는 사람들이 적지 않습니다.

壬申日은 생지生地로 '물이 샘솟는 바위'의 모습이니 광천鑛泉은 언변이 능숙하고 설득력이 뛰어나 교육敎育, 의약醫藥, 종교宗敎 계통에서 두각을 드러낼 수 있습니다. 원류源流가 풍후하니 오랜 가뭄에도 마르지 않아 여력을 지니고, 어떤 환경에도 잘 적응하며 활발活潑하고 포용력이 있습니다. 그러므로 자연 만인의 신망을 얻게 됩니다. 활인活人의 기운氣運이 서려 타행他鄕에서, 해외海外에서 활동하고 득명得名하는 경우가 많습니다. 이 사람은 인정이 넘치는 가운데 속으로는 냉담한 기운을 품고 있습니다. 외화내곤外華內困으로 겉으로는 드러나지 않는 내면內面의 고苦가 있습니다. 申에서 財官은 욕궁浴宮에 들기 때문입니다.

壬戌日 관대冠帶는 재관유기財官有氣하고 일덕日德이라, 丑辰이 재고財庫의 열쇠라 할 수 있습니다. 석유石油나 지하수地下水의 물상物象으로 중생衆生을 계도

啓導하는 기질을 품고 인정이 두텁습니다. 戊土, 천문天門은 고통을 입을수록 영감靈感이 발달하는 특징이 있는데 이 사람은 직감直感이나 예감豫感이 빠르고, 상대의 마음을 잘 파악하며 꿈이 잘 맞습니다. 丁丑, 丁未, 壬辰, 壬戌은 퇴신退身으로 가치관이 일반과 약간 다르며, 자신을 뽐내는 성질이 있습니다. 백호白虎에 丁火와 辛金이 있으면 '칼춤을 추는 무당巫堂'과 같아 분별없이 막 나가는 면모를 보일 때가 있는데, 丁丑과 壬戌이 그러합니다. 곤명坤命의 배우자는 권력權力계통에 종사하지 않는 한 무능無能하기 쉽습니다.

10. 癸水

癸丑帶	癸卯生	癸巳胎	癸未墓	癸酉病	癸亥旺

癸丑日 관대冠帶는 '마르지 않는 니토泥土'로 음기陰氣를 품어 일도정진一道精進하는 끈기와 집념을 보이는데 일종의 오기傲氣를 품어 고독孤獨한 경우가 많습

니다. 경쟁 국면에서는 장애가 되는 요인을 제거해 버리는 잔인한 일면을 지니고 있습니다. 당장은 캄캄한 곳의 진창 속에 서 있는 형국이나 끝내 굴레를 벗어나는 호걸豪傑의 기상이 서려 있습니다. 백호白虎로 처궁妻宮은 불미한 편이니 아내가 비관悲觀하는 일이 생기며 여성은 남편男便과 생사이별生死離別의 아픔을 겪습니다. 재혼再婚이나 소실小室이 되는 경우도 적지 않습니다. 반면 암록暗祿의 작용作用으로 어려울 때 주변의 원조援助가 따르고 종내는 음덕陰德을 쌓아 편안해집니다.

癸卯日은 생지生地로 식신귀인食神貴人이라 길명吉命이 많습니다. 한 마디로 '초목草木이 물을 만난 격'이니 운기運氣가 화창和暢합니다. 이것은 마치 산과 들에 풀이 자라니 토끼에게 의식衣食이 풍족해지는 것과 같습니다. 이 사람은 영리하고 재주가 있으며 오기傲氣를 찾아볼 수 없고 인심이 두텁습니다. 드물게 예리한 음기가 발동하면 사납게 돌변突變하는 수가 있습니다. 대개 사물의 이치를 빨리 깨닫고 창의력創意力이 풍부하여 묘기백출妙技百出합니다. 처덕妻德이 있어 아름다운 양처良妻와 인연을 맺으나 해로偕老하기는 쉽지 않은데 이것은 재관財官이 욕패浴敗에 있기 때문입니다. 여성은 일귀日貴로 누구나 좋아하는 인상에 호감을 사는 형이 많습니다. 다만 산후통産後痛이나 자식궁子息宮에 근심이 나타날 수 있습니다.

癸巳日은 태지胎地로 일귀日貴라, 丁巳時면 길명吉命입니다. '겨울의 태양太陽'은 본래 귀貴한 것입니다. 또 '밤하늘에 빛'이 나니 잘못을 알면 즉시 고치고 연구하여 교정矯正하는 성미가 있습니다. 바쁘고 일이 많은 가운데 재財가 있고, 권위權威와 명예名譽에 대한 貪心이 강하여 권력을 지향하는 속성이 있습니다. 음양陰陽이 조화調和되어 이해심理解心이 깊으면서도 水火가 교전交戰하여 조급早急하고 변덕이 있습니다. 천성은 귀인貴人을 놓아 순수하고 총명하며 처덕이 두터운데 이것은 록마동향祿馬同鄕, 재관財官이 건록建祿이라 인명人命의 지복至福을 상징하는 것입니다. 여성도 또한 왕성한 사회적 활동을 하는 경우가 많습니다.

癸未日은 묘지墓地로 '전답田畓에 비가 내린 격'이니 식록食祿이 족足하고 일을 시작始作하기만 하면 뒷일이 잘 풀리므로 소기의 성과를 내는 장점長點이 있습니다. 그러나 묘운墓運은 망설이거나 추진력推進力이 부족不足하므로 대개의 경우 중단수中斷數가 나타납니다. 이것은 나름의 특별한 고집이 변덕變德으로 작용하기 때문인데, 항시 경거망동輕擧妄動을 경계警戒해야 합니다. '비를 맞는 양의 상象'은 마치 다정多情이 병病이 되는 것과 같아 배우자와 의기투합意氣投合이 잘되지 않으며 차라리 공방空房이 편할 정도입니다. 재관財官이 쇠지衰地로 육친六親과 소원疏遠해지는 경향이 있고, 여성은 첩이나 후처後妻가 될 때가 많습니다. 관官은 쇠衰하고, 살殺은 대帶하기 때문입니다.

癸酉日은 병지病地로 '술을 담은 항아리'는 색정色情으로 인한 곤란을 예고하고, '닭이 비에 젖은 모습'은 신장腎臟에 병病이 들면 치유治癒가 어렵다는 점을 암시하는 것입니다. 이 사람은 대개 깔끔하고 미모美貌를 지녔으며, 영리하고 암기력이 뛰어납니다. 때론 결백한 성품이 고립孤立을 자초自招하기도 합니다. 재관사궁財官死宮이라 세속의 탐욕과는 거리가 먼 삶을 지향하는 경우가 많습니다.

'산사山寺의 샘터나 계곡溪谷'의 형태를 띠고 있어 고적孤寂한 기운이 감돌고 이상향理想鄕을 꿈꾸기도 합니다. 乙丑과 癸酉는 금신金神을 내포하여, 세운 뜻을 끝까지 밀고 나가는 저력이 있는 한편 수술수手術數가 있습니다. 여자는 대개 부인병婦人病을 경험하게 됩니다.

癸亥日 왕지旺地는 '바다에 물이 가득하여 마르지 않는 형상形象'으로 앞날을 예지하는 혜안慧眼(혜안)이 있습니다. 천문天門으로 머리가 비상하기로는 辛亥와 癸亥가 앞을 다툽니다. 내강內剛의 음인陰刃이나 수양修養이 되어 어디를 가나 환대를 받습니다. 이 사람은 망망대해茫茫大海로 무한한 잠재력이 있으며, 세계적인 인물로 부상하는 경우가 있습니다. 겉으로는 만사태평萬事太平인 듯해도 속으로는 천재적인天才的인 두뇌가 작동하는 것은 상관생궁傷官生宮에 연유합니다. 건명乾命은 공公을 중시하여 가정에 소홀한 면이 있으나, 부창부수夫唱婦隨하므로 별다른 문제가 없지만, 여성의 경우에는 부덕夫德이 박薄하고 혹 외정外情의 우려가 있습니다.

이상으로 일주포태日柱胞胎의 대강을 살펴보았는데 이제 각 기둥 별 천간天干 육신六神에 주안을 두고 해당 지지地支의 운성運星 작용력을 알아보겠습니다.

1. 포胞

甲	乙	庚	辛
申	酉	寅	卯

胞는 絶地(separation)로 줄이 끊어진 것과 같으니 완벽하게 無로 돌아간 상태입니다. 이것은 대개 有始無終의 상황으로 나타납니다. 이때는 새로운 生命의 기운이 움틀 때까지 기다려야만 합니다. 忍耐로 때를 기다리면 필경 새싹이 돋아나는 것을 보게 됩니다. 甲申과 乙酉 日柱는 浪費나 損財, 夫婦간 갈등을 피하기 어려우며 手足과 허리에 傷害를 입기 쉽고 頭痛이 따릅니다. 年月柱에 해당하면 兄弟가 그러합니다. 특히 絶地를 살필 때는 六親星 뿐만 아니라 六親宮도 감안해서 판단할 필요가 있습니다.

(1) 比가 絶地에 있으면,

夭絶하는 兄弟姉妹가 있습니다.

이것은 月柱(兄弟宮)가 絶地에 해당할 때도 마찬가지로 刑沖運에 分離 현상을 보게 됩니다.

甲申, 乙酉絶이 八字에 水가 없으면 關節炎이나 骨多孔症을 조심해야 합니다.

(2) 食이 絶地에 있으면,

坤命은 본인과 자식이 矮小한 경우가 많으며 자식과 離別할 때가 많습니다.

대개 中年 이후 發福하고 만년에 자식이 出世합니다.

(3) 財가 絶地에 있으면,

年月柱에 해당할 경우 아버지와 일찍이 生死離別하는 경우가 많습니다.

財物은 많이 얻고 많이 잃는 우여곡절이 따릅니다.

乾命은 대체로 財福이 따르는 편이나 妻로 인한 損財가 있습니다.

(4) 官이 絶地에 있으면,

坤命은 離婚의 가능성이 높습니다.

肝 계통의 疾患이 있습니다.

(5) 印이 絶地에 있으면,

火 日干의 甲申, 乙酉 絶地는 父母 사이를 가르는 不孝를 암시합니다.

時柱에 해당하면 만년에 큰 고비를 겪습니다.

2. 胎

丙	丁	戊	己	壬	癸
子	亥	子	亥	午	巳

胎는 孕胎(pregnancy)한 상태와 같아 아직은 온전한 形態를 갖춘 게 아니므로 運에서 특별한 진전이 없습니다. 즉 企劃하고 준비하는 단계로 成就를 논하기는 어렵습니다. 日元이 胎宮을 보면 대개 賢夫賢妻와 인연을 맺기 쉽습니다. 남자는 家父長的인 태도를 나타내지만 아내를 사랑할 줄 알고, 여자는 財政的인 內助를 한다는 뜻입니다.

(1) 比가 胎地에 있으면,

兄弟姉妹의 友愛가 있는 편으로 大小事를 함께 의

논합니다.

(2) 食이 胎地에 있으면,

일찍이 社會로 나아갑니다.

坤命은 자식과 이별하거나 자식이 病弱하기 쉽습니다.

(3) 財가 胎地에 있으면,

財運이 마르지 않습니다.

아버지의 援助가 있습니다.

乾命은 대개 일찍 결혼하고 社會 진출이 순조로운 편입니다.

(4) 官이 胎地에 있으면,

활동적인 사람이 많고 福은 중년 이후에 옵니다.

坤命도 社會活動을 하는 경우가 많습니다.

乾命은 病弱한 자식을 두기 쉽고, 혹 巫病이 오는

수가 있습니다.

(5) 印이 胎地에 있으면,

여러 學文을 접하기 쉽습니다.

敎育界로 진출하면 만족합니다.

하나의 職業으로 만족하지 못하고 兼業하는 경우가 많습니다.

3. 養

甲	乙	庚	辛
戌	未	辰	丑

養은 母胎 속의 胎兒(fetus)와 같으니 어미의 保護를 받으며 자라고 있는 상태를 말합니다. 日元이 養宮에 있으면 性情이 온순하고 낙천적이나 어려움에 부딪

히면 좌절하는 경향이 있습니다. 한 마디로 다른 사람의 도움이 있어야 發展한다는 것입니다. 甲戌과 乙未 日柱는 夫婦 琴瑟이 좋고 相扶相助하는 경우가 많으며 庚辰과 辛丑 日柱는 다른 사람 손에서 자라기 쉽고 夫婦의 緣이 薄한 편입니다.

⑴ 比가 養地에 있으면,

어머니의 품에서 養育되기 어렵고 兄弟 중에 養子로 가는 경우가 있습니다.

⑵ 食이 養地에 있으면,

坤命은 자식을 친정이나 시댁에 맡기는 경우가 많고 혹 養子로 보내는 수가 있습니다.

⑶ 財가 養地에 있으면,

아버지가 養子로 갔거나 乾命은 養女로 간 아내를 맞이할 수 있습니다.

⑷ 官(관)이 養地(양지)에 있으면,

주기적으로 職場(직장)의 변화를 겪기 쉽습니다.

乾命(건명)은 자식을 養子(양자)로 보내는 수가 있고 자식의 家出(가출)을 보게 됩니다.

坤命(곤명)은 남편이 養子(양자)로 갔거나 조상이 養子(양자)로 간 집안의 후손입니다.

⑸ 印(인)이 養地(양지)에 있으면,

어머니가 養女(양녀)로 갔거나 타인의 손에서 자라난 경우입니다.

養(양)이 刑沖(형충)되면 學業(학업)이 중단되기 쉽습니다.

4. 生(생)

丙	丁	戊	己	壬	癸
寅	酉	寅	酉	申	酉

生은 주변의 祝賀 속에 誕生(birth)하는 것과 같아 吉星이 틀림없으나 産苦를 동반하여 다소의 어려움을 겪고 좋아지는 국면을 시사합니다. 丙寅과 壬申의 氣勢는 旺하고 나머지는 조금 덜합니다. 日元이 生宮에 있으면 心身이 건강하고 發福의 기운이 서리며 六親과 貴人의 도움으로 亨通하는 경우가 많습니다.

(1) 比가 生地에 있으면,

兄弟姉妹가 모두 成功하는데 年月柱에 해당하면 일찍 피어나고, 時柱면 만년에 꽃을 피웁니다.

(2) 食이 生地에 있으면,

대개 長壽하고 進路가 무난하게 펼쳐지는 格입니다.

坤命은 자식이 出世합니다.

(3) 財가 生地에 있으면,

富貴를 약속받는 것과 다름이 없으며 대개 食傷運에 發福합니다.

⑷ 官이 生地에 있으면,

年月柱에 해당하면 名文家의 후손으로 일찍 官途로 나아갑니다.

坤命은 훌륭한 배우자를 만나 좋은 內助를 합니다.

乾命은 官祿이 높아지고 顯出한 자식을 두게 됩니다.

⑸ 印이 生地에 있으면,

年月柱에 해당하면 일찍 꽃을 피우고, 時柱에서 보면 만년에 빛을 봅니다.

文章과 藝術 계통에 재능을 드러냅니다.

母子 간에 애정이 두텁습니다.

5. 浴(욕)

甲	乙	庚	辛
子	巳	午	亥

浴(욕)은 태어난 직후 沐浴(목욕)(bathe)을 하는 상황으로 이것은 아기의 의사와 관계없이 이루어지는 일입니다. 즉 고통스럽게 느껴지겠지만 끝난 후에는 開運(개운)합니다. 다만 아기의 입장에서는 고통의 느낌이 무거운 것으로 吉凶(길흉)이 반복해서 나타나는 가운데 순탄치 않은 형국이라 하겠습니다. 日元(일원)이 浴宮(욕궁)을 보면 夫婦(부부)의 因緣(인연)이 바뀌기 쉽고, 主居(주거)를 자주 옮기는 등의 屈曲(굴곡)이 있습니다. 色情(색정) 면에서는 甲子(갑자) 沐浴(목욕)이 가장 강렬합니다.

(1) 比(비)가 浴地(욕지)에 있으면,

兄弟姉妹(형제자매)의 성격이 활달하고 逆境(역경)을 잘 극복하지만

職業을 자주 바꾸는 경향이 있습니다.

이성간에 마음이 잘 변해 배우자가 바뀌는 경우가 많습니다.

(2) 食이 浴地에 있으면,

보통 異性에 일찍 눈을 뜨고 한 사람과 오래 가지 않습니다.

美食家로 口辯이 좋고 歌舞를 즐깁니다.

坤命은 자식의 外情을 보게 됩니다.

(3) 財가 浴地에 있으면,

浪費가 심하고 損財가 따릅니다.

年月柱에 해당하면 乾命은 年上과 緣分을 맺기 쉽고 不倫에 빠집니다.

(4) 官이 浴地에 있으면,

대개 手腕家로 사교적이며 유능한 사람으로 評判이

납니다.

年月柱에 해당하면 夫婦간에 離別數가 따릅니다.

乾命은 자식이 外道하는 바를 보게 됩니다.

坤命은 일찍 結婚하고 社會活動을 하게 되며 外情을 즐깁니다.

(5) 印이 浴地에 있으면,

어머니는 美人으로 情에 약하며 社會活動을 합니다.

성적의 편차가 심하고 職場을 자주 옮기는 경향이 있습니다.

年月柱에 해당하면 어머니를 일찍 떠나기 쉽습니다.

時柱에 있으면 늦은 外道가 우려되고 坤命은 中年이후에 職業戰線에 뛰어듭니다.

6. 帶

丙	丁	戊	己	壬	癸
辰	未	辰	未	戌	丑

帶는 沐浴을 마친 후 衣冠(attire)을 갖추고 자세를 바로 한 상태를 말합니다. 그 모습이 깨끗하고 端正하니 종전의 고생은 사라지고 발전을 거듭하는 運氣를 상징합니다. 당장은 遲延되는 수가 있으나 목표를 포기하지 않으므로 필시 成果를 냅니다. 日元이 帶宮에 있으면 建祿運에 前途가 열리는 것을 실감하게 됩니다.

(1) 比가 帶地에 있으면,

兄弟 중에 公職者가 있고 주변의 도움을 얻어 官祿을 구하게 됩니다.

壬戌이나 癸丑 冠帶를 보면 巫病을 앓거나 宗教人이 되는 兄弟姉妹가 있습니다.

이것은 墓庫와 沖이 되기 때문입니다.

(2) 食이 帶地에 있으면,

두뇌가 明晳하고 이론에 밝습니다.

성품이 溫和하고 단정하며 벗을 가까이 해서 사람들이 많이 따릅니다.

年月柱에 해당하면 일찍이 福祿을 누리게 됩니다.

坤命은 자식이 잘 되고 衣食에 부족함이 없습니다.

(3) 財가 帶地에 있으면,

夫婦의 因緣은 두텁지 않으므로 젊은 시절에는 孤獨을 면키 어렵고 晩婚하면 安定됩니다.

아버지가 官吏 출신인 경우가 많으며 乾命은 아내의 信仰이 깊습니다.

時柱에 해당하면 出世가 늦어지고 만년에 信仰에 歸依하는 경우가 많습니다.

(4) 官이 帶地에 있으면,

高位職에 오르는 경우가 많습니다.

年月柱에 해당하면 父母兄弟가 公職과 인연이 깊습니다.

(5) 印이 帶地에 있으면,

學業이 중단되거나 專功分野가 바뀌는 경우가 많습니다.

年月柱에 해당하면 어머니가 社會生活을 일찍 시작합니다.

時柱에 있으면 生業과 學文을 병행하는 사례가 많습니다.

7. 祿

甲	乙	庚	辛
寅	卯	申	酉

祿은 한 마디로 福祿(blessing)을 뜻하는 것이니 벼슬길에 올라 福祿을 쌓아가는 상태입니다. 이때는 모든 일이 잘 풀리고 자연 權勢를 누리게 됩니다. 日元이 祿宮에 있으면 專祿格이 되고 時祿이면 歸祿格이라 땅 위에 福을 심은 것과 같습니다.

(1) 比가 祿地에 있으면,

出仕하게 되고 兄弟姉妹 또한 官祿이 있습니다.

대인관계가 좋고 兄弟姉妹간 相扶相助합니다.

(2) 食이 祿地에 있으면,

일생에 衣食住(의식주)로 인한 困難(곤난)이 없습니다.

財(재)가 함께하면 富貴榮華(부귀영화)가 따릅니다.

坤命(곤명)은 出産(출산)하고 家門(가문)이 번창하며 出世(출세)하는 자식을 둡니다.

(3) 財(재)가 祿地(록지)에 있으면,

年月柱(년월주)에 해당하면 富家(부가) 태생이며 妻家(처가)도 富裕(부유)합니다.

時柱(시주)에 해당하면 만년 蓄財(축재)합니다.

(4) 官(관)이 祿地(록지)에 있으면,

先代(선대)의 榮華(영화)가 後孫(후손)으로 이어지는 格(격)입니다.

坤命(곤명)은 權勢(권세)와 德望(덕망)을 갖춘 남편을 만납니다.

乾命(건명)은 자식의 出世(출세)까지 보장받는 격입니다.

(5) 印(인)이 祿地(록지)에 있으면,

어머니의 學識(학식)이 높고, 藝體能(예체능) 방면에서 크게 성공한 사람이 많습니다.

年月柱에 해당하면 學業이 우수합니다.

8. 旺

丙	丁	戊	己	壬	癸
午	巳	午	巳	子	亥

旺은 全盛期(heyday)로 탄탄대로를 疾走하는 최상의 運氣입니다. 크게 名利를 얻는 것인데 여타의 運星과 마찬가지로 歲運에서 合되거나 刑沖되면 禍厄이 따를 것입니다. 財旺이 깨지면 損財나 妻와의 生死離別이 따를 것이고 坤命의 官旺이 깨지면 이 또한 마찬가지의 결과를 가져 옵니다. 丙午는 正午의 太陽, 壬子는 夜深의 大海, 戊午는 廣大한 山野와 같습니

다.

(1) 比가 旺地에 있으면,

八字의 强弱에 따라 吉凶이 엇갈리는데 身弱하면 大吉합니다.

(2) 食이 旺地에 있으면,

사람이 總名합니다.

梟의 剋害가 없다면 食神有氣勝財官이라, 富貴를 이룹니다.

(3) 財가 旺地에 있으면,

年月柱에 해당하면 富家 출신입니다.

實業을 일구어 畜財합니다.

命中 食傷을 본다면 가히 天福이라 할 만합니다.

乾命은 良妻를 둡니다.

財旺한 小兒가 貧家에서 출생하면 아버지나 兄弟

중에 잃는 六親이 있습니다.

⑷ 官이 旺地에 있으면,

年月柱에 해당하면 名文家의 子孫으로 祖上의 德이 두텁습니다.

坤命은 賢父를 두고 出世시킵니다.

⑸ 印이 旺地에 있으면,

秀才라는 소리를 들으며 八方에 두각을 드러내고 名利가 진동합니다.

어머니의 知性이 높습니다.

9. 衰

甲	乙	庚	辛
辰	丑	戌	未

衰는 物極必反(decline)하는 때로 기우는 運勢를 말함이니 이때 새로운 일에 손을 대면 途中下車하거나 苦戰하게 됩니다.

(1) 比가 衰地에 있으면,

兄弟姉妹 중에 封神하는 사람이나 필경 屈曲이 심한 同氣가 있습니다.

(2) 食이 衰地에 있으면,

성급하고 輕率하기 쉬우며 理論이 정연하지 않습니다.

坤命은 일찍 成功하는 자식을 둡니다.

(3) 財가 衰地에 있으면,

先富後貧하기 쉽습니다.

乾命은 일찍 착한 아내를 만나지만 病弱하기 쉽습

니다.

(4) 官(관)이 衰地(쇠지)에 있으면,

官運(관운)이 일찍 열리나 오래가지 않습니다.

坤命(곤명)은 內助(내조)에 충실해도 남편이 不成(불성)입니다.

(5) 印(인)이 衰地(쇠지)에 있으면,

쉽게 흥분하는 편이나 內心(내심)은 여리고 착합니다.

어머니는 어질고 敎養(교양)이 있습니다.

10. 病(병)

丙	丁	戊	己	壬	癸
申	卯	申	卯	寅	酉

病(병)은 몸이 늙어 病患(병환)(disease)에 걸린 상태를 의미

합니다. 정상적인 기능을 기대할 수 없으며 感傷的(감상적)이고 悲觀的(비관적)일 때가 더러 있습니다. 陽日干(양일간)의 驛馬(역마) 病地(병지)는 부지런하고 긍정적이며 社交的(사교적)인 기질로 드러나기 쉽습니다. 대개 다양한 社會活動(사회활동)의 변화와 移徙(이사), 海外旅行(해외여행)이나 居住(거주), 家出(가출) 등의 현상으로 나타납니다.

(1) 比(비)가 病地(병지)에 있으면,

兄弟姉妹(형제자매)의 職業(직업)에 변화가 많고 手段(수단)이 좋아 앞서가는 경우가 많습니다.

年月柱(년월주)에 해당하면 兄弟(형제)들이 일찍 발전하고 時柱(시주)에 있으면 만년에 發福(발복)합니다.

(2) 食(식)이 病地(병지)에 있으면,

자주 체하거나 胃腸(위장) 질환으로 苦生(고생)하기 쉽습니다.

坤命(곤명)의 자식은 職業(직업)의 변화가 많습니다.

(3) 財가 病地에 있으면,

財物의 出入이 빈번하게 일어납니다.

乾命은 아버지와 아내의 負債로 스트레스를 받기 쉽습니다.

早婚하면 아내가 病弱하거나 浪費가 심하므로 晩婚이 유리합니다.

(4) 官이 病地에 있으면,

대개 組織에서 인정받으며 明郞하고 社交에 밝아 出張이나 派遣되는 경우가 많습니다.

乾命은 자식을 두고 職場이 변경됩니다.

(5) 印이 病地에 있으면,

轉學, 學業中斷, 專攻變更 등의 변화가 나타납니다.

다방면에서 素質과 才能을 드러내나 한 분야에 오래 머물지 않습니다.

11. 死

甲	乙	庚	辛
午	亥	子	巳

死는 제 기능이 정지되어 死亡(death)에 이른 국면을 뜻합니다. 萬事가 凍結되어 더 이상은 어떤 成就도 어렵다는 말인데 이 運에 이르면 六親과 財物을 잃게 됩니다. 死地의 沖은 浴의 자리니 沖運에는 殮襲의 物象이 포착됩니다. 日元이 死宮에 있으면 木氣와 金氣가 소진되어 나타나는 病象이 있습니다.

(1) 比가 死地에 있으면,

卒亡한 兄弟가 있기 쉽고 運에서 死地가 겹치면 兄弟宮에 근심이 서립니다.

(2) 食이 死地에 있으면,

坤命은 자식에게 禍厄이 따르고 아들을 다 키워서 잃을 수 있습니다.

(3) 財가 死地에 있으면,

年月柱에 해당하면 아버지를 일찍 잃거나 父子간 疎遠합니다.

乾命은 結婚 후에 損財나 妻와 離別하기 쉬우며 再婚해도 대개 病弱한 아내를 둡니다.

(4) 官이 死地에 있으면,

乾命은 자식을 없거나 잃을 수 있으며 時柱에 해당하면 만년에 아픔이 있습니다.

坤命은 대개 남편이 無力하며 偕老가 어려운데 八字에 財가 있으면 救濟됩니다.

(5) 印이 死地에 있으면,

어머니와 相剋되어 일찍 돌아가실 수 있고 臨終을 지킵니다.

時柱에 있으면 고비를 넘기고 發福하는 格입니다.

12. 墓

丙	丁	戊	己	壬	癸
戌	丑	戌	丑	辰	未

墓는 무덤(burying) 속안의 답답한 형국을 의미합니다. 이때는 어둠 그 자체로 每事不成입니다. 大事를 도모하는 것은 옳지 못하며 아무리 才氣가 뛰어난들 發揮하지 못합니다. 庫를 刑沖하면 드러난 干의 六神은 잠겨 잃게 되고, 숨겨진 藏干의 六神은 沖出되어 드러납니다. 合化되면 得이 되지만, 合去되면 失이고

庫의 器物도 파손되므로 入庫物이 傷害를 입게 되고 生死離別이 따릅니다. 丁丑 日柱는 신경성 胃腸 疾患을 겪기 쉽고, 己丑 日柱의 坤命은 胃脾가 濕하며 生理痛이나 腹痛이 따를 때가 많습니다.

(1) 比가 庫地에 있으면,

兄弟姉妹와 相剋이 되어 爭鬪, 疾病, 傷害, 離別 등의 현상으로 나타납니다.

대개 腎臟과 膀胱이 허약하기 쉽고, 手足과 허리 등에 痛症이 있습니다.

만년에 본인은 물론 兄弟姉妹가 發福하는 현상을 보게 됩니다.

(2) 食이 庫地에 있으면,

坤命은 아들이 없거나 病弱해서 키우기 어렵습니다.

食庫가 刑沖되면 자식의 家出이나 본인이 禍를 당

할 때가 많습니다.

(3) 財가 庫地에 있으면,

離鄕 및 偏母膝下에서 성장하는 경우가 많습니다.

乾命은 結婚 후에 損財, 疾病, 妻와 生死離別하기 쉽습니다.

坤命은 結婚 후에 아버지와 生死離別합니다.

(4) 官이 庫地에 있으면,

乾命은 父子相剋, 坤命은 男便相剋을 실감하게 되는데 대개 移徙나 改築, 建築 등과 맞물려 六親의 分離 현상이 나타납니다.

(5) 印이 庫地에 있으면,

어머니와 일찍 헤어지고 學業이 중단되기 쉬우며 轉學이 잦습니다.

印綬가 財庫에 坐하면 父母의 다툼이 끊이지 않고

한분을 일찍 잃을 수가 있습니다.

時柱에 해당하면 만년에 學文하고 才氣를 꽃피웁니다.

운성인종運星引從

- BAZI COMPLEX -

팔자八字 원국元局의 체신體神에서 포태법胞胎法을 구사할 때는 봉법逢法과 거법居法, 인종引從을 모두 적용하여 대강의 성향을 읽어내는데 그 방법이 대략 다음과 같습니다. 가령 아래 곤명坤命의 辛亥生과 같은 명례命例에서,

戊	丙	庚	辛
子	子	寅	亥
胎	胎	生	絶

일간日干, 丙火를 기준으로 연월일시年月日時의 각 지지地支 운성運星을 살피는 방법이 봉법逢法인데 이

때 일원日元의 기질은 생生과 태胎가 주성분이 되므로 선생후태先生後胎의 성향으로 나타나게 될 공산이 큽니다.

i 생生 - 후원後援, 생산生産, 변화變化

ii 태胎 - 태동胎動, 출산出山

辛亥生을 거법居法으로 살피면 식재食財가 투透하여 해당 육신六神의 동태를 파악할 수 있습니다.

戊	丙	庚	辛
子	子	寅	亥
胎	胎	絶	浴

iii 절絶 - 소모消耗, 파산破産, 고통苦痛

iv 욕浴 - 쾌락快樂, 혼미昏迷, 낭패狼狽

재財는 주로 산재散財의 형태를, 식신食神은 태지胎地에 거居하여 일단은 다산多産을 암시합니다. 거법居法에서는 특별히 십성十星으로 분할할 필요는 없습니다. 일단 투간透干한 천간天干, 육신六神에 주안하여 살피면 그만인데, 거법居法을 위주로 하는 운법運法에서도 마찬가지로 이때는 해당 육친六親에 주안을 두고 현상을 파악하면 효과를 봅니다. 이를테면 차조此造에서 戊寅年이 도래할 때,

戊	丙	庚	辛
子	子	寅	亥
胎		絶	浴

戊
寅
生

재財는 절지絶地가 겹치므로 부친의 운기運氣는 고난苦難을 암시하고 기우는 형국입니다. 반면 식신食神은 생궁生宮에 임臨하여 자신이 하는 일이나 자식과 관련된 문제는 무탈하고 발전하는 국면입니다. 이것은 인종引從에서 천간天干 육신六神의 거법居法을 위주로 적용하는 기본법이라 할 수 있습니다.

천간天干에 투透하지 않은 육신六神은 좌법坐法을 통해 살피는 방법이 있습니다. 이때는 십성十星으로

분할하여 살피는 기법을 적용합니다.

戊	丙	庚	辛
子	子	寅	亥
癸祿	癸祿	甲祿	壬祿
壬旺	壬旺		甲生

일지日支의 부성夫星, 관官은 록지祿地에 살殺은 왕지旺地에 좌坐하고 있으며, 인印 甲木은 생록生祿의 기운을 품고 있습니다. 이미 원국元局에 투透한 土金의 육신六神은 따로 헤아릴 필요가 없습니다.

v 록祿 - 활발活潑, 독립獨立

vi 왕旺 - 패기覇氣, 불굴不屈

이상에서 甲申年 한해의 운기運氣를 육친六親과 관련해서 포태胞胎 인종引從으로 판단하는 단식單式 기법을 정리해 보겠습니다.

① 일간日干 丙火는 병지운病地運에 들어 운세運勢의 하강국면으로 기우는 때로 아프거나, 입원入院하는 수가 있습니다.

② 재財는 록왕지祿旺地의 충沖으로 절처봉생絶處逢生하고 발전적인 변화를 나타냅니다.

③ 癸水, 관官은 사궁死宮에 들어 배우자는 활동이 중지됩니다.

④ 甲申年은 거법居法으로 인수印綬의 절지운絶地運이니 슬럼프에 빠지고, 갑록甲祿의 모친궁母親宮 또한 편치 않습니다.

⑤ 식신食神은 병궁病宮에 들어 자녀가 아프거나, 자식으로 인한 우환憂患, 근심수가 있습니다.

vii 병病 - 질병疾病, 우울憂鬱
viii 사死 - 절망絶望, 정지停止

포태법胞胎法은 결국 인종引從으로 수렴되는데 팔자八字 체신體神에서 보는 법과 운법運法에서 적용하는 법이 다릅니다. 원국原局에서는 각 천간天干의 육신六神을 일간日干의 봉법逢法과 마찬가지로 연월일시年月日時 각 지지地支 모두의 운성運星을 살펴 원형이정元亨利貞을 적용하게 됩니다. 이를테면,

戊	丙	庚	辛
子	子	寅	亥
辛生	辛生	辛胎	辛浴

와 같이 辛金, 재財는 '욕浴, 태胎, 생生, 생生'으로 일원日元의 성장과정에 따라 변하게 됩니다. 그러나 이 같은 적용법은 자칫 번거로워질 우려가 있으므로 실제에서는 잘 활용하지는 않습니다. 이보다는 월지月支에 인종引從한 운성運星의 기운을 참작할 때가 많습니다.

戊	丙	庚	辛
子	子	寅	亥
戊生	丙生	庚絶	辛胎

인종법引從法은 포태운법胞胎運法에서 자유자재로 활용됩니다. 가령 辛亥生이 甲午運의 丙戌年을 맞이했다 치면,

戊胎	我胎	庚絶	辛浴	甲死	丙墓
戊	丙	庚	辛	甲	丙
子	子	寅	亥	午	戌
癸祿	癸祿	甲祿	壬祿	丁祿	戊墓
壬旺	壬旺		甲生	丙旺	丁養

午運에는 인수印綬, 甲木은 사궁死宮에 빠지고, 丙火와 戊土 식신食神은 왕지旺地로 듭니다. 재財는 욕지浴地에 빠지고, 관살官殺은 절지絶地와 태지胎地에 듭니다.

	甲	乙	丙	丁	戊	己	庚	辛	壬	癸
午	死	生	旺	祿	旺	祿	浴	病	胎	絶

이상이 甲午 대운大運 중에 펼쳐질 육친六親 운세運勢의 전반적인 상황을 암시하는 것인데, 이 기간 중 甲午年을 만나게 되면 인수사궁印綬死宮이나 정관절궁正官絶宮, 정재병궁正財病宮의 뚜렷한 현상을 보게 됩

니다.

午運 중의 丙戌年에는 일원日元과 식신食神이 묘궁墓宮에 드니 심신心身이 속박되고, 답답한 국면이 아닐 수 없습니다.

	甲	乙	丙	丁	戊	己	庚	辛	壬	癸
戌	養	墓	墓	養	墓	養	衰	帶	帶	衰

戌에서 甲丁은 양養으로 성장成長하는 기운이고, 재관財官은 쇠衰하거나 대帶한 상황입니다.

ix 양養 - 양육養育, 보호保護
x 대帶 - 활동活動, 지연遲延
xi 쇠衰 - 압박壓迫, 장애障碍
xii 묘墓 - 구속拘束, 불성不成

유년流年에서 지지地支가 대운大運의 지지地支와 겹치는 시점에는 운성運星이 암시하는 작용력이 보다 강렬하게 나타나므로 주의를 기울여야 합니다. 특히 절絶, 욕浴, 사死 등의 운運이 겹치거나 형충刑沖할 때는 대개 화액禍厄이 위중하고, 묘墓는 형충운刑沖運에 다양한 변화를 실감하게 됩니다.

포태胞胎에서 주변 환경과 각 육신六神의 변화는 대개 형충파해刑沖破害 등의 동인動因에 의해 비롯되는데, 해당 글자의 운성運星이 각 육신六神별로 어떤 의미를 담는지에 따라 길흉희기吉凶喜忌가 달라집니다. 예컨대 태胎와 왕旺의 충沖은 대개 발전적인 변동사를 암시합니다. 반면 욕浴과 사死의 충沖은 욕패浴敗의 뚜렷한 결과를 보기 쉽습니다.

형충파해표[4]

	子	丑	寅	卯	辰	巳	午	未	申	酉	戌	亥
子				刑			沖	害		破		
丑					破		害	沖			刑	
寅						刑			沖			破
卯	刑				害		破			沖		
辰		破		害	刑						沖	
巳			刑						破			沖
午	沖	害		破			刑					
未	害	沖									破	
申			沖			破						害
酉	破			沖						刑	害	
戌		刑			沖			破		害		
亥			破			沖			害			刑

포태胞胎로 살피는 운기運氣의 성쇠盛衰는 운성運星 고유의 의미와 실제의 현상 간에 약간의 차이가 있습니다. 앞에서 욕浴과 사死의 충沖이 가장 불리한 결과를 보기 쉽다고 했는데, 그래서인지 일본日本의 추명가推命家들은 십이운十二運의 운세運勢 고저를 다음과 같이 도해하기도 합니다.

						旺					
					祿		衰				
		生		帶				病			
胎										墓	
	養										絶
			浴						死		

- 秋山, 四柱推命 中 -

이상과 같은 운성運星의 도해는 현실적인 측면에서 다소 문제가 있을 수 있습니다. 생生과 병病, 태胎와 묘墓, 양養과 절絶은 의미가 다르고 운세運勢의 작용도 꽤 다르기 때문에 운세運勢 고저의 동일선상에서 다룰만한 성질이 아닙니다. 아무튼 같은 운성運星이라 해도 음양간陰陽干과 십간十干별로 모두 다르게 작용하므로 보다 긴밀히 살펴 적용해야 할 것입니다.

지금부터 십이지十二支별로 십간十干 포태胞胎의 각각을 살펴보겠습니다. 포태실전胞胎實戰에서 용이하게 인종引從의 법수法手를 펼치려면 간지포태干支胞胎의 전후좌우를 입체적으로 살펴 정리해 두는 것이 좋습니다.

포태법胞胎法에서는 또 하나 간과해선 안 될 중요한 대목이 있습니다. 이것은 성가지법星家之法의 고법古法으로 연지年支를 명주命主로 삼아 타지他地의 운성運星 관계를 살피는 법입니다. 이를테면 다음과 같은 명조命造에서

辛 己 丙 丙
未 巳 申 午

庚子運, 戊子年에 己土 일간日干의 사지死地가 겹치는데, 연지年支 午火(丁火) 또한 子運에 사궁死宮에 들므로 절명지운絶命之運을 피해 나갈 방도를 찾기 어렵습니다.

1. 子水

	甲	乙	丙	丁	戊	己	庚	辛	壬	癸
子	浴	病	胎	絶	胎	絶	死	生	旺	祿

子에서 甲이 욕패浴敗하고 庚이 사지死地인데 午가 충沖하면 甲庚은 사운死運에 듭니다.

子에서는 辛이 생生하여 丙이 子를 보면 辛과 합合하여 잉태孕胎의 기운을 품으니 子는 丙의 함지咸池와 다름없습니다.

丁과 己는 子에서 절지絶地에 드니 이것은 午生도 마찬가지입니다. 丙戊는 子에서 절처봉생絶處逢生하니 辛癸가 子를 보면 록마祿馬를 얻는 의미가 있습니다.

子에서는 辛이 생生하므로 甲은 관官을 얻고, 乙은 살殺의 위협을 받으니 乙이 子에서 병病드는 것은 대개 상해傷害로 나타나기 쉽습니다.

※ 허신虛神의 록마祿馬를 취용取用하려면 子가 겹

치고, 월령月令을 얻어야 합니다. 이는 운運에서도 마찬가지입니다.

子水(癸)		
胞	午	
胎	巳	
養	辰	子辰入庫
生	卯	
浴	寅	
帶	丑	子丑合入庫, 絶處逢生(丑中癸水)
祿	子	
旺	亥	雙魚亥遊, 文章家
衰	戌	
病	酉	子酉破手術
死	申	
墓	未	子未害入庫

子水는 차가운 기운이 지하의 따뜻한 열기를 동반하여 비로소 일양一陽이 시생始生하는 동지冬至의 계절을 형성합니다. 쥐는 춘하추절春夏秋節에 출입出入하

고, 동절冬節에 입고入庫하니 이것이 子가 丑에 입묘入墓하는 이치라 하겠습니다. 그래서인지 여름철에 태어나면 근면성실하고 기지를 발휘하여 자식 번성에 힘을 쓰나 겨울철에 출생하면 활동에 장애요, 쾌락과 낙천성으로 흐르기 쉽습니다. 반음반양半陰半陽은 불굴의 투지력과 새 출발의 기상이 있으니 새로운 것을 추구하고 독특한 개성과 야성미를 발휘하는 반면 교만한 성격과 타인을 업신여기는 기질을 품게 되어 이중인격의 소유자가 많은 편입니다. 전후前後가 다르므로 하나의 진로로 매진하기 어려우며 수차 직업을 바꾸게 되는데 본인의 적성에 맞는 직업을 선택하여 근면성실하게 장기간 유지하면 대부분 성공할 확률은 높습니다. 子水는 위는 양陽이요, 아래는 음陰으로 되어 있어 계곡의 물인데 많으면 큰 강물이 됩니다. 子生이 亥水를 보면 문장가文章家라 하는데 亥時에 나면 쌍어해유雙魚亥遊라, 두 마리의 물고기가 바다에 논다고 하며 특히 문학 방면에 뛰어납니다. 子生이 未時에 출생하면 원진怨嗔이지만 묘지墓地로 사死합니다. 子가 酉를 보면 파破요, 병지病地로 교정수술矯正手術하게 됩니다. 자성子性으로는 총기聰氣, 지혜智慧, 기억력, 냉정冷情, 경거망동輕擧妄動 등을 들 수 있습니다.

2. 丑土

	甲	乙	丙	丁	戊	己	庚	辛	壬	癸
丑	帶	衰	養	墓	養	墓	墓	養	衰	帶

丑은 金이 입묘入墓하는 자리로 火 일간日干의 재財는 입고入庫되는 현상(損財, 病患)을 보기 쉽습니다.

※ 재財는 정편正偏을 가릴 필요가 없으므로 음양간陰陽干을 따로 적용하지 않고, 오행五行으로 살핍니다.

癸가 丑을 보면 대帶에 해당되고, 상관傷官 甲木 또한 대궁帶宮에 속하므로 일종의 오기傲氣를 품어 고독孤獨하기 십상입니다.

丑에서는 丙戊가 배양培養되므로 辛癸가 丑을 보면 록마祿馬를 얻는 길의吉意가 나타납니다.

丑土는 팔자八字 원국元局에서 己土의 양養이 되는 戌이나 대帶가 되는 未로 개고開庫해야 장간물藏干物이 유용有用해지고, 쇠衰가 되는 辰은 무용無用입니다.

己土		
胞	子	
胎	亥	
養	戌	丑戌刑開庫, 六親健全, 腎胃手術
生	酉	
浴	申	
帶	未	丑未沖柳岸, 六親健在
祿	午	丑午害相爭, 外傷
旺	巳	
衰	辰	丑辰破不生
病	卯	
死	寅	
墓	丑	

丑土는 음陰으로 동결凍結되니 만물을 생生하지 못합니다. 소는 체구는 비대하고 행동은 느리며 침묵하고 입은 쉴 새 없고 근면성실한데, 먹기를 좋아하고 순종합니다. 어떠한 곤경과 시련에도 이겨내는 투지력이 있으며 매사에 시종일관始終一貫하여 대망의 뜻을

달성합니다. 대개 고집固執과 자만自慢의 성정性情으로 나타납니다. 丙丁日生 여명女命은 丑土가 식상食傷으로 자식子息이지만 동토凍土로 자식子息이 되지 못합니다. 水日 여명女命에 丑土는 관官이나 남편구실男便口實을 못합니다. 남명男命에 甲乙日干이 丑을 보면 丑土가 재財로 처妻가 되는데 처구실妻口實 못합니다. 건강健康이 좋지 않고, 자식도 정상이 아닙니다. 그래서 丑은 己土의 양養이 되는 戌이나 대帶의 未로 두들겨 열어야만 남편이나 자식이 유력해집니다. 다시 말해 丑土는 조후調候를 배합하지 않으면 만물불생萬物不生으로 그치고 만다는 뜻입니다. 丙丁日干 건명乾命에 丑中癸水는 戌土가 개고開庫하면 자식子息이 가능합니다. 丑月은 동결凍結된 계절季節이나 이양二陽의 기氣가 있으니 火를 보기만 하면 유안柳岸이 됩니다. 丑과 午는 원진怨嗔으로 우마상쟁牛馬相爭이라, 외상外傷에 불과합니다. 축술형丑戌刑은 신장腎臟과 위장胃腸의 수술手術을 암시합니다. 丑戌未 삼형三刑은 친교親交간의 배은背恩을 나타냅니다.

3. 寅木

	甲	乙	丙	丁	戊	己	庚	辛	壬	癸
寅	祿	旺	生	死	生	死	絶	胎	病	浴

寅에서는 丙戊가 생生하여 수명水命이 寅을 보면 역마驛馬가 되어 분주히 움직이며 발복發福할 가능성이 높습니다.

丁己는 寅에서 사死하니 申의 욕궁欲宮과 충沖하는 것을 두려워합니다.

庚은 寅에서 절絶하지만 寅中丙戊가 생生하여 살인상생殺印相生합니다.

甲庚의 寅申沖은 록祿을 파괴하여 절絶의 흉의가 나타나므로 불리합니다.

丙戊의 寅申沖은 생生과 마馬의 충沖으로 발전적인 변화를 암시합니다.

寅木(甲)		
胞	申	寅申沖祿破
胎	酉	
養	戌	
生	亥	寅亥破食祿破
浴	子	
帶	丑	辰時生, 虎嘯山谷威名萬里
祿	寅	
旺	卯	
衰	辰	夾卯辰害喪門
病	巳	寅巳刑血疾
死	午	午生入死
墓	未	寅未鬼門入墓

寅木은 삼양三陽으로 만물의 번성기라 연演이라 하는데 丙戊가 장생長生하니 간산艮山 황곡黃谷에 대호大虎가 있는 상象으로 위권威權이 있습니다. 寅生이

戊辰時에 태어나면 "호소산곡虎嘯山谷하니, 위명만리威名萬里"라 했습니다. 寅은 호虎지만, 통변通辯에서는 우마차牛馬車에 농장農場으로 추리합니다. 寅巳刑은 심장혈질心臟血疾이요, 장환고질長患痼疾입니다. 寅午戌은 삼대三代를 뜻하는데 寅은 조祖요, 午는 모母, 戌은 子로서 寅은 午를 생生하고 사지死地요, 午는 戌을 生하고 입묘入墓하는 것입니다. 寅은 酉를 보면 원진怨嗔인데, 계명鷄鳴이면 활동장해活動障害로 싫어합니다. 寅이 亥를 보면 合하기도 하지만, 파력破力이 강합니다. 亥水는 寅에서 생生하는 丙戊, 식재食財의 절지絶地이기 때문입니다.

4. 卯木

	甲	乙	丙	丁	戊	己	庚	辛	壬	癸
卯	旺	祿	浴	病	浴	病	胎	絶	死	生

辛이 卯를 보면 절지絶地에 들고, 상관사궁傷官死宮

에 관官은 욕패浴敗라 곤명坤命이 괴로운 것입니다.

丙戊 일간日干은 대개 욕浴과 사死의 卯와 酉를 꺼리게 됩니다.

壬이 卯를 보면 사궁死宮에 들고 이곳에서는 재관財官이 욕패浴敗하니 축수도화逐水桃花의 흉조가 나타나기 쉽습니다.

丁己는 卯에서 병病이 드니 심장心臟과 위장胃腸, 안질眼疾로 고생하는 수가 있습니다.

卯木(乙)		
胞	酉	卯酉沖葉落枯死
胎	申	
養	未	
生	午	卯午破色難
浴	巳	巳生庚合浴敗
帶	辰	卯辰害雷門
祿	卯	
旺	寅	
衰	丑	
病	子	卯子刑傷害
死	亥	卯亥合浮木
墓	戌	卯戌合入庫

卯木은 하늘에서는 풍風이고, 땅에서는 초목草木입니다. 卯木은 酉月에 엽락고사葉落枯死하니 절지絶地에 들고, 巳火는 열로熱爐가 되어 패욕지敗浴地가 됩니다. 火庫인 戌土에 입묘入墓합니다. 卯月에는 만초목萬草木이 왕성旺盛하고 辰月은 만화방창萬花芳暢으로 봉접蜂蝶이 날아듭니다. 卯는 辰과 해害가 되고 진궁辰宮을 움직여 뇌성雷聲을 내니 뇌문雷門이라고 합니다. 寅辰의 상문喪門은 공협拱挾된 卯가 辰을 해害하는 작용에서 비롯됩니다. 卯가 子를 보면 형刑이 병病이 되는데 이것은 子에서 생生하는 辛金이 두렵기 때문이고, 申을 보면 원진怨嗔인데 을경암합乙庚暗合하고 지엽枝葉이 상傷하기 때문입니다. 亥卯合은 乙木과 壬水가 사지死地라 수왕水旺이면 乙木이 부목浮木되고 목왕木旺하면 해수亥水가 사死합니다. 卯가 午를 보면 파破가 되는데, 색정色情의 물상物象으로 남자는 처를 극剋하고, 여자는 음천지명淫賤之命이 되기 쉽습니다.

5. 辰土

	甲	乙	丙	丁	戊	己	庚	辛	壬	癸
辰	衰	帶	帶	衰	帶	衰	養	墓	墓	養

辰은 土水의 고장지庫藏地로 일간日干 木의 재고財庫, 火의 관고官庫, 土의 자고自庫와 재고財庫, 水의 자고自庫와 관고官庫가 되니 복잡다단한 현상을 암시합니다.

※특히 수고水庫를 여는 戌沖이 야기하는 다양한 물상物象의 나들이는 세심한 관찰이 요구됩니다.

丙丁이 壬辰을 보면 부성입묘夫星入墓가 됩니다.

※ 부성입묘夫星入墓에 부성夫星이 유년流年에서 절지絶地에 들면 상부喪夫의 우려가 깊습니다.

辰에서 양陽이 쇠衰하면 음陰이 대帶하고, 陽이 양養에 들면 음陰이 묘墓에 드는데, 이것은 초혼初婚과 다른 재혼再婚의 양상을 의미합니다.

辛이 辰에 입묘入墓하는 것은 辰酉合으로 酉金이 辰에 입고入庫하는 현상을 나타냅니다.

戊土		
胞	亥	辰亥水絶
胎	子	辰見子發財
養	丑	辰丑破修繕
生	寅	
浴	卯	
帶	辰	辰戌沖乙癸戊培養, 羅網寡宿
祿	巳	辰見巳地網障碍
旺	午	
衰	未	
病	申	辰見申食祿
死	酉	酉金辰入庫
墓	戌	

辰土는 오양五陽으로 만물이 이에 의지하여 배양,

성장되니 辰土는 일단 戌土의 충沖을 원합니다. 辰에서는 壬水가 입묘入墓하는데 癸水는 배양培養되니 음양기陰陽氣의 교체交替와 같습니다. 용龍은 실체난견實體難見이요, 잠수비천潛水飛天하니 변화무궁變化無窮이라, 辰에서는 물진物盡하고 양육養育하니 진震입니다. 辰은 일단 수왕水旺해야 길명吉命이 될 가능성이 높으므로 子나 申을 보면 대개 좋습니다. 日時에 辰巳가 들면 지망地網이 되어 중도장애中途障碍에 여명女命은 고독지명孤獨之命이 되기 쉽습니다. 戌亥 천라天羅로 고독孤獨을 주도主導하고, 귀인불임貴人不臨하여 과숙寡宿이 됩니다. 辰辰은 형刑이 되어 수일水溢하니 수해水害를 암시합니다. 丑을 보면 파破가 되어 수리修理, 이동移動, 교정矯正 등의 현상으로 나타납니다. 辰亥는 원진怨嗔으로 亥水는 辰에 입고入庫됩니다. 丙丁 일간日干 여명女命에 亥水가 남편으로 辰이 근접近接하면 사별死別할 우려가 있고, 혹 복상사腹上死하는 수가 있습니다. 辰酉는 합合이나 酉金은 辰에 입고入庫됩니다. 辰은 壬水와 辛金의 묘墓이기 때문입니다.

6. 巳火

	甲	乙	丙	丁	戊	己	庚	辛	壬	癸
巳	病	浴	祿	旺	祿	旺	生	死	絶	胎

巳는 火土의 록왕지祿旺地고, 水의 포태지胞胎地가 됩니다.

巳에서 乙은 욕浴, 辛은 사死가 되므로 乙辛은 대개 巳亥沖을 매우 꺼립니다.

甲은 巳에서 식재食財가 유기有氣하고, 庚은 관인官印이 유용有用하니 甲庚은 巳亥에서 역마驛馬가 동動하여 발전하게 됩니다.

戊己가 巳를 보면 수재水財가 힘을 잃어 재복財福이 약합니다.

巳申刑이 두려운 것은 甲木이 절지絶地로 향하기 때문입니다.

巳火(丙)		
胞	亥	巳亥沖爆發
胎	子	
養	丑	
生	寅	寅巳刑血疾
浴	卯	
帶	辰	巳見辰變龍大貴
祿	巳	
旺	午	
衰	未	
病	申	巳申刑發
死	酉	巳酉逆合紛亂
墓	戌	巳戌六親分離

巳火는 庚金의 장생지長生地고 戌土에 입묘入墓합니다. 火土의 戌은 묘지墓地나, 본가本家와도 같으므로 육체적으로는 평안平安을 얻는 상황입니다. 뱀은 동월

冬月에 나면 동사凍死할 우려가 있어 길명吉命이 되기 어렵습니다. 巳生이 辰時에 나면 뱀이 변하여 용이 된 격이니 천리용마千里龍馬라 해서 대귀大貴를 논하나 한편으로는 지망地網이라 관재구설官災口舌이 침범할 우려가 있습니다. 巳는 申을 만나면 합合도 되고 파破도 되는데, 巳火에 庚金이 장생長生이라 申이 巳를 보면 합合으로 보고, 巳가 申을 보면 파破로 보는 견해가 있습니다. 巳가 戌土를 보면 원진怨嗔이니 年月에 辰巳는 부모와 일찍 이별하는 경우가 많고, 日時의 辰巳는 처자妻子와의 분리分離를 암시합니다. 巳亥의 충沖은 화승수강火昇水降으로 폭발사고를 야기하는 수가 있습니다. 巳가 寅을 보면 형刑으로 심장질환心臟疾患에 혈질血疾로 나타날 가능성이 있습니다. 巳酉丑 삼합三合은 조직단체組織團體의 단합團合을 의미하나 역합逆合이라, 복잡다난複雜多難하고 불화지합不和之合으로 나타나는 경우가 많습니다. 순합順合이 아닌 역류逆流의 합合은 장자長子라 해도 장남의 구실을 못하고, 육친六親과 소원疎遠할 때가 많습니다. 辰巳는 몸체가 긴 동물이라 이것이 식재食財에 해당하면 면麪종류의 물상物象에 속합니다. 巳에는 丙戊가 있으니 丙은 밝고, 戊土는 광장廣場과 같아 백주白晝에 차마

車馬가 달리는 도로로 통변通辯하기도 합니다. 巳火는 육양六陽의 극처極處로 용광로鎔鑛爐와 같으니 庚金이 생生하고, 巳申이 형합刑合이나 서로가 특별히 해害를 입지 않다가, 亥水와 충沖할 때 불꽃이 튀어 부정적인 현상으로 나타나기 쉽습니다.

7. 午火

	甲	乙	丙	丁	戊	己	庚	辛	壬	癸
午	死	生	旺	祿	旺	祿	浴	病	胎	絶

午에서 庚이 욕패浴敗하고 甲이 사지死地인데 子가 충沖하면 庚甲은 사운死運에 듭니다.

午에서 癸는 절지絶地에 드니 왕旺한 火土에 종從하여 생의生意를 얻습니다.

午午는 자형自刑인데 화기火氣가 극렬極烈하니 복음伏吟으로 상곡喪哭인데 甲木은 매우 위태합니다.

子午의 충沖은 甲庚이 두려운 것이고, 왕지旺地의 丙壬을 꺼리지 않습니다.

午火(丁)		
胞	子	子午沖火熱
胎	亥	
養	戌	午戌合入墓
生	酉	
浴	申	午申隔角喪事
帶	未	
祿	午	
旺	巳	
衰	辰	
病	卯	
死	寅	
墓	丑	丑午鬼門精神分列

午火는 양극처陽極處이고, 일음一陰이 시생始生하는

곳으로 화세火勢가 극왕極旺한 때입니다. 말은 출입과 경주를 좋아하므로 집에 있으면 수심愁心이 따릅니다. 午는 보통 차車로 보는데, 음양陰陽이 교차하는 시점으로 천부적으로 임기응변에 능하나 이중적 품성은 때에 따라 모순된 기분을 조성하여 평소와 달리 이해할 수 없는 사람으로 변신하게 됩니다. 한 마디로 명쾌한 사고력과 신속한 행동력을 필요로 하는 일에 특이한 재능을 지니고 있습니다. 또 午火는 등화燈火요, 봉화대烽火臺로 봅니다. 午中 己土는 록지祿地나 조토燥土라 사토沙土라 합니다. 午中 己土가 식재食財에 해당되면 과자류菓子類와 연관됩니다. 木 일간日干이 午月生이고 水가 없으면 고사枯死하고, 丑辰의 습토濕土가 있으면 반길反吉합니다. 午火는 차마車馬로 달리는 것이라 교통수단交通手段이고 가축家畜이며, 팔자八字에 水가 있고 午火가 식재食財면 생선生鮮을 연상시킵니다. 午가 丑을 보면 원진怨嗔, 탕화湯火가 되는데 丑中癸水가 끓는 물이 되어 화상火傷을 암시합니다. 귀문鬼門은 칠살七殺, 未土의 앞 글자 午가 귀살鬼殺의 문전門前이 된다는 뜻으로 정신착란精神錯亂, 신경과민神經過敏, 노이로제 등의 증상症狀을 야기합니다. 午生이 辰時에 태어나면 용마龍馬라 하여 길명吉命으로 보고 午馬가 진룡辰龍을 생生합니다. 寅午戌 삼합三合은 부모본인자식父母本人子息과의 합合이니, 丙火를 생성生成하는 용광로鎔鑛爐로 寅은 午를 생生한 연후 사지死地에 들고, 午는 戌을 생生하고 입묘入墓합니다. 午를 子가 충沖하면 화재火災, 폭발暴發 등과 관련된 사고事故일 경우가 많습니다. 午가 申을 보면 욕패浴敗에 드는데 격각隔角이라, 상사喪事가 날 우려가 있고, 午午에 子가 충沖이면 쌍마雙馬가 충沖이라 이중삼중의 충돌衝突 상황을 암시합니다. 壬午日은 비재飛財하는 형국이라 천지합덕天地合德이라 해서 대개 길명吉命으로 봅니다.

8. 未土

	甲	乙	丙	丁	戊	己	庚	辛	壬	癸
未	墓	養	衰	帶	衰	帶	帶	衰	養	墓

未는 木이 입묘入墓하는 자리로 金 일간日干의 재財는 입고入庫되는 현상(損財, 病患)을 보기 쉽습니다.

己가 丑을 보면 대帶에 해당되고, 상관傷官 庚金 또한 대궁帶宮에 속하므로 일종의 오기傲氣를 품어 고독孤獨하기 십상입니다.

子가 未를 보아 원진怨嗔으로 입묘入墓되는 것은 未가 癸의 묘지墓地이기 때문입니다.

未에는 甲, 卯(乙), 子(癸)가 입묘入墓됩니다.

未中乙丁은 戌土의 형刑으로 개고開庫시키는 것이 유용有用합니다.

己土		
胞	子	子未害入庫
胎	亥	
養	戌	
生	酉	未酉文昌
浴	申	
帶	未	
祿	午	
旺	巳	
衰	辰	
病	卯	卯未合入墓
死	寅	寅未鬼門入墓
墓	丑	

未土는 열토熱土로 온상溫床에 비유합니다. 팔자八字에 未中乙木이 재財에 해당하면 화초류花草類로 채소菜蔬, 약초藥草, 화원花園, 임야林野 등과 관계가 있습니다. 혹은 양羊의 내장內臟이 연상되어 양의 곱창으로 풀이할 때가 있기도 합니다. 未土는 왕旺한 亥水가 중첩重疊되면 제방堤防이 무너집니다. 양羊은 물을 두려워하고, 유순柔順하지만 자기방어본능이 있으며 경박輕薄하고 끌려가는 것을 싫어합니다. 未가 酉, 辛金을 보면 문창식신文昌食神입니다. 未와 酉 사이에는 申이 공협拱挾해 있어 격각隔角이고 상문喪門이라 사별곡사死別哭事가 있습니다. 곤명坤命 未生이 寅月에 나면 시가媤家가 몰락한다 했는데 이것은 未가 寅木의 장지葬地이기 때문입니다.

9. 申金

	甲	乙	丙	丁	戊	己	庚	辛	壬	癸
申	絶	胎	病	浴	病	浴	祿	旺	生	死

申에서는 壬이 생生하여 토명土命이 申을 보면 역마驛馬가 되어 분주히 움직이며 발복發福할 가능성이 높습니다.

癸는 申에서 사死하니 寅의 욕궁欲宮과 충沖하는 것을 두려워합니다.

甲은 申에서 절絶하지만 申中庚壬이 생生하여 절처봉생絶處逢生합니다.

庚甲의 寅申沖은 록祿을 파괴하여 절絶의 흉의가 나타나므로 불리합니다.

壬丙戊의 寅申沖은 생生과 마馬의 충沖으로 발전적인 변화를 암시합니다.

申金(庚)		
胞	寅	寅申沖祿破
胎	卯	卯申鬼門破財
養	辰	
生	巳	
浴	午	

帶	未	申未天醫
祿	申	
旺	酉	
衰	戌	
病	亥	申見亥時水繞山環吉格
死	子	申子淸水
墓	丑	申丑入墓

申金은 壬水의 장생지長生地로 申은 子에서 사死하고, 亥가 병지病地가 됩니다. 申은 철마鐵馬고 물탱크로 수원지水原地입니다. 申日이 亥時에 나면 천지교태天地交泰로 크게 발전합니다. 원래 생生의 기운은 충沖되지 않으면 불용不用이므로 申은 寅을 암충暗沖하고, 亥는 寅을 암합暗合하여 丙戊를 취용取用하게 됩니다. 卯와 申은 원진怨嗔으로 파재破財의 우려가 있습니다. 申月에 未土는 천의신天醫神이라 하고 未中丁乙己가 재財면 의약醫藥과 인연因緣이 있습니다. 申子는 청수淸水요 생수生水고, 子辰은 탁수濁水입니다. 원숭이는 이기利己, 탐식貪食, 재기才氣, 고독孤獨, 독주

獨走 등의 성질을 품는데 이 같은 성분이 성정性情으로 나타나기 쉽습니다.

10. 酉金

	甲	乙	丙	丁	戊	己	庚	辛	壬	癸
酉	胎	絶	死	生	死	生	旺	祿	浴	病

乙이 酉를 보면 절지絶地에 들고, 상관사궁傷官死宮이 되어 심신心身이 고단합니다.

辛이 酉를 보면 丙火 관官이 사지死地에 들므로 곤명坤命은 상부지명傷夫之命이 될 우려가 있습니다.

壬丙戊 일간日干은 거개 욕浴과 사死의 卯와 酉를 꺼리게 됩니다.

癸는 酉에서 병病이 들므로 子酉가 파破하면 수술手術하기 쉬운데 酉는 子에서 생生을 얻으므로 크게 악화되는 일은 좀체 없습니다.

酉金(辛)		
胞	卯	
胎	寅	寅酉怨嗔不滿
養	丑	酉丑合入庫
生	子	
浴	亥	酉亥浴敗拘束
帶	戌	酉戌害孤立
祿	酉	酉酉自刑庫
旺	申	
衰	未	
病	午	
死	巳	
墓	辰	酉辰合入庫

酉金은 서방西方에 있어 戌亥 건방乾方에 가까우니 종소리가 천문天門에 울린다 해서 사종寺鐘이라 합니다. 酉는 戌土를 기뻐하지만, 酉戌은 편방偏方이라 자

연子緣이 박薄하고 숙살지기肅殺之氣로 고독성孤獨性을 품습니다. 酉는 닭으로 만인에게 소득所得은 없으나 시간時間을 알려주니 희생봉사犧牲奉仕하고, 아손타익我損他益합니다. 酉는 水를 좋아하고 동절冬節의 辛金은 火의 온난溫暖함을 요합니다. 酉金에 水가 많으면 금백수청金白水淸이라, 청귀격淸貴格이 되고, 火土가 많은 것을 기피합니다. 酉金은 주옥珠玉, 주기酒器에 비유되기도 하며 정밀부속精密附屬이므로 火가 많으면 천명賤命으로 식소사번食小事煩이기 쉽습니다. 그래서인지 辛金 일간日干이 추동秋冬에 태어나면 길명吉命이 많고, 하절夏節에 나면 하격下格이 많습니다. 酉生이 寅을 보면 원진怨嗔이고 계성鷄聲이면 호虎는 활동活動에 장해障害가 따르는데 寅이 酉를 원망怨望하고 평생불만不平不滿이 되기 쉽습니다. 酉生酉日은 자형自刑이 되어 고독孤獨을 내포內包하므로 육친六親의 덕德이 두텁지 않습니다. 酉生은 곡식穀食을 먹으며 흩어 버리니 큰 부자가 별로 없습니다. 酉는 성대聲帶가 좋으니 악기樂器라 하고 두발로 달리는 짐승으로 오토바이, 자전거自轉車 등과 관계가 있습니다. 酉가 辰과 합合하면 酉金이 묘지墓地에 들므로 사계死鷄라 합니다.

11. 戊土

	甲	乙	丙	丁	戊	己	庚	辛	壬	癸
戊	養	墓	墓	養	墓	養	衰	帶	帶	衰

壬은 戊에서 관대冠帶인데 甲은 양養이고, 乙은 묘墓에 들어 곤명坤命에 乙木의 자식子息은 인연이 박薄하게 됩니다.

庚辛이 丙戌을 보면 부성입묘夫星入墓가 되는데 부성夫星이 절지絶地가 되는 亥運에 상부喪夫하거나 분리分離되는 경우가 많습니다.

乙이 戌에 입묘入墓하는 것은 卯戌合으로 卯木이 戌土에서 생육生育되지 않는 현상을 나타냅니다.

戊土		
胞	亥	辰亥水絶妻子剋
胎	子	
養	丑	
生	寅	
浴	卯	卯戌入庫
帶	辰	日時辰戌鰥寡
祿	巳	巳戌入墓休息
旺	午	午戌合入墓
衰	未	
病	申	
死	酉	
墓	戌	戌戌僧徒

戊土는 천문天門으로 만물이 쇠멸衰滅하는 곳입니다. 화로火爐, 창고倉庫와 같습니다. 寅午戌 화국火局

이면 용광로鎔鑛爐로 戌中丁火와 辛金은 辰土나 丑土가 있어야 개고開庫되어 유용有用해집니다. 戌中辛金은 壬水가 있어야 辛金을 사용使用할 수 있습니다. 丙火는 戌土를 보아야 丙火가 입묘入墓되어 평안平安을 얻을 수 있습니다. 戌月은 만초목萬草木이 엽락葉落하는 계절로 추수秋收하여 저장貯藏하는 창고倉庫가되고 폐물廢物을 쌓아 두는 곳간입니다. 戌日이 卯木을 만나면 춘추문필春秋文筆이라 하는데 욕지浴地에 들어 풍류風流가 나타납니다. 戌土에는 辛金이 암장暗藏이라 산중사원山中寺院이 되며 戌亥는 천문이고 천라天羅입니다. 지구地球는 위로 戌亥方이고 아래로는 辰巳方인데 까닭에 戌亥를 천문天門, 辰巳를 용궁龍宮이라 합니다. 戌亥 천문天門은 조기祖基를 파破하고, 제사선후불합諸事先後不合이 되며 처자妻子를 극剋합니다. 戌月의 辛金 재財는 천의天醫라 의약醫藥 계통과 인연이 깊고, 戌은 화개華蓋로 중첩重疊되면 승도孤僧, 무녀巫女, 도인道人, 점술占術 등의 분야와 관계됩니다. 戌은 천문고방天門孤方이고 辰은 용궁龍宮이라 日時에 辰戌이면 불입귀인不入貴人이 되니 남자는 형처극자刑妻剋子하고 여성은 과부지명孤寡之命입니다. 卯는 戌에 입고入庫되는데 卯가 처자妻子가 되면 불가不可하고 결국 이별離別하게 됩니다. 戊土는 생목불가生木不可라, 卯木 재財를 심으면 발전이 없습니다.

12. 亥水

	甲	乙	丙	丁	戊	己	庚	辛	壬	癸
亥	生	死	絶	胎	絶	胎	病	浴	祿	旺

亥는 水의 록왕지祿旺地고, 火土의 포태지胞胎地가 됩니다.

亥에서 辛은 욕浴, 乙은 사死가 되므로 乙辛은 대개 巳亥沖을 매우 꺼립니다.

※ 酉가 亥를 보면 금침金沈되고, 卯가 亥를 보면 부목浮木되기 쉽습니다.

甲木은 亥에서 생生을 얻지만 丙戊는 절지絶地가 되므로 식재食財가 무용無用할 때가 많습니다.

亥는 丁의 태지胎地이자, 귀인貴人인데 壬水 관官의

건록建祿이니 곤명坤命은 귀부貴夫와 인연을 맺습니다.

乙亥 일주日柱가 卯月에 나면 亥는 卯를 낳고 사死하므로 태어날 때 모친母親이 세상을 떠납니다.

亥水(壬)		
胞	巳	巳亥極沖
胎	午	
養	未	
生	申	
浴	酉	亥酉浴敗
帶	戌	
祿	亥	
旺	子	
衰	丑	
病	寅	寅見亥破
死	卯	亥卯死宮
墓	辰	辰亥怨嗔入墓

亥水는 대해大海로 亥가 辰을 보면 원진怨嗔으로 亥는 辰에 입묘入墓됩니다. 亥水는 육음六陰으로 甲木의 생지生地가 됩니다. 그러나 이때의 甲木은 사목死木이므로 곤명坤命 壬水 일간日干에 亥中甲木이 식신食神으로 자식子息이나 卯나 未가 없으면 불구不具 혹은 흠결欠缺이 있는 자녀를 둘 가능성이 있습니다. 寅과 亥는 합合도 되고, 파破이기도 한데 亥水는 寅에 병지病地로 亥가 파破합니다. 다시 말해 寅은 亥에서 생生하니 寅木에는 합合이 됩니다. 亥水는 강해江海라 丙火 태양太陽의 조광照光이 있으면 빛이 찬란하여 편관偏官이나 양우良友로 봅니다. 亥水가 丁火를 보면 亥中壬水가 암합暗合하고 木이 암생暗生합니다. 金 일간日干에 亥中甲木이 재財가 되면 해상운송업海上運送業, 해초류海草類, 수산업水産業과 관계됩니다. 亥와 戌은 천문天門으로 남녀 공히 부부연夫婦緣이 허약하고, 철학哲學 계통과 인연이 있습니다. 무속巫俗과도 관계되며 혹은 자선사업慈善事業과도 연계됩니다. 戌亥는 천라天羅로 巳亥沖은 육양六陽과 육음六陰의 극왕지충極旺地沖이라 불꽃이 튀기므로 폭발화재爆發火災 등의 현상으로 나타날 때가 있고, 인체에서는 혈압血壓이 오릅니다. 亥가 卯를 보면 卯를 낳고 사死하며

卯 또한 사死하므로 긴밀히 살필 필요가 있습니다. 木은 未가 장지葬地로 甲乙 일간日干이 木의 삼합三合을 보면 남녀 공히 부부夫婦 해로偕老가 어렵습니다. 庚日이 亥月에 나면 문창식신文昌食神이 되고, 戌土는 천의문서天醫文書가 됩니다.

포태진기(胞胎珍技)

초판 1쇄 2008년 5월 7일

초판 3쇄 2019년 2월 19일

지은이 최이린

펴낸이 장석홍

펴낸곳 도서출판 장서원

주 소 서울 용산구 남영동 7-1(201호)

전화 703-5362 팩스 797-5362

등록 제 03-01213호

E-mail shjang1011@hanmail.net

정가 20,000원